中国人文标识
China

|第二辑|

汉字

方块字里的中国

陈学晶 | 著

五洲传播出版社·北京
China Intercontinental Press

图书在版编目（ＣＩＰ）数据

汉字，方块字里的中国 / 陈学晶著. -- 北京 : 五
洲传播出版社, 2022.1
　　（中国人文标识）
　　ISBN 978-7-5085-4733-6

　　Ⅰ.①汉… Ⅱ.①陈… Ⅲ.①汉字—文化—中国—通
俗读物 Ⅳ.①H12-49

中国版本图书馆CIP数据核字(2021)第247769号

作　　者：陈学晶
图　　片：陈学晶　刘凤玖　图虫创意 / Adobe Stock　视觉中国
出 版 人：关　宏
责任编辑：梁　媛
装帧设计：青芒时代　张伯阳

汉字：方块字里的中国

出版发行：五洲传播出版社
地　　址：北京市海淀区北三环中路31号生产力大楼B座6层
邮　　编：100088
电　　话：010-82005927，82007837
网　　址：www.cicc.org.cn，www.thatsbook.com
印　　刷：北京市房山腾龙印刷厂
版　　次：2022年1月第1版第1次印刷
开　　本：710mm×1000mm　　1/16
印　　张：13.5
字　　数：180千字
定　　价：68.00元

序

我女儿刚读小学那一两年，常常沉浸于初识汉字的欢欣中。

由于汉字的方块字结构，她识字的过程就像搭积木，在熟字基础上不断拓展认知：新字拆解、旧字组合、形似字归类……她的汉字字库仿佛是一个不断与新字镶嵌、对接的立体空间。

——妈妈，一个"田"字下面加个"十"字，上面加一横，中间那一竖还出头了，这是个什么字？（从"田"字到"车"字的认知）

——妈妈，"大"加一个"口"念什么？

——念什么……什么都不念啊，我只知道"天"加"口"念什么。

——是"口"里面加个"大"。

——哦，"因"，"因为"的"因"。

——那再加一个"火"呢？

——烟。

（这时我才意识到，我们正从一个招牌上写着"烟酒"的店铺前经过。）

——妈妈，你看……（女儿指着电梯广告画面里的"￥"）

——嗯，是人民币的符号。

——这是"南"里面的字。

——妈妈，你看，"杨畅"这个名字，两个字右边一模一样。

—妈妈，草莓小九子是什么意思啊？（九/丸）

—妈妈，宝共共当行（xíng）是什么意思？

—啊，是"宝典典当行（háng）"。（共/典）

—妈妈，你看"出人年要"。

—（我低头注意到邻居门口的地垫）哈哈，是"出入平安"。

（年/平，要/安）

—妈妈，你看，平——安——很——行（xíng）。

—嘘，小点声儿，这是"平安银行（háng）"。

（很/银）

这些识字经历令人忍俊不禁，但你也不得不承认汉字的结构真是灵动有加、妙趣横生。

女儿有天放学反复念叨："家里有猪就是家吗？……"像是在问我，又像很享受在重复这个问句时所产生的趣味。我给她的答复："古代人的畜牧业是从养猪开始的，猪对人来说很重要。你看，'家'的金文字形 就是屋子里有一只头朝下的小猪。另外，汉代瓦当中也有'家'的图案 ，家门口还蹲着一只猫头鹰，应该是在守夜吧？"

"家里有猪就是家吗？"除了生动的造型，汉字背后还蕴藏着丰富的含义。于是，我萌生了一个写作计划，我想教女儿认字，告诉她每个汉字的故事，还包括和它相关的历史遗物、艺术作品，比如，认识"人"字，我会讲到"北京人"，带她去看"北京人"头盖骨化石；认识"龙"字，我会让她知道龙的形象是一点点地创造出来的，从中国国家博物馆的红山文化玉龙到故宫九龙壁上张牙舞爪的龙，观察其形象的演变。

当然还要告诉她与汉字相关的哲学、文学知识，比如，认识"牛"字，除了要了解魏晋时期的"杀牛"砖画、韩滉的《五牛图》外，一定不能忘记《庄子》里的"解牛"高手丁师傅（庖丁）；认识"桃"字，一定要读到《诗经》中的"桃之夭夭，灼灼其华"，还要读读晚明小品《雨后游六桥记》：踏春之日，士大夫们一同去看桃花，因为那艳丽的颜色太过讨人喜爱，穿白衣裳的人都把外衣脱了（"白其内者皆去表"），让那抹桃色在白衣上绽放（"光晃衣，鲜丽倍常"）。

我想让汉字有实物，有见证，声色并茂，也希望孩子从认字开始，就能渐渐体会壮美而精微的中国文化，使她在生命的起兴阶段就能获得深广厚重的文化视野。

这个想法最后汇聚为本书的第三章，我选取了极具中国文化代表的20个汉字，追溯每个字的字形源流、字义演变，力求展现汉字作为历史符号所承载的文化意义：从天地自然、宗教信仰到礼乐文明，从日常生活、德行修养到美学追求与哲学内涵，同时引入文学、哲学作品，引入相应的绘画、青铜器、陶瓷、建筑等美术作品资源，将文字与文学、哲学，与那些收藏在博物馆里的文物、陈列在广阔中国大地上的遗产互为印证，共同还原出中国历史文化的生动图景，展现中国古典文明的博大精深。

　　当然，我们必须知道汉字从哪里来，因为它的演变过程、它的来时路就是中国历史文化的基本脉络，因此，这本书第一章讲述的是汉字发展史，以及一代代知识人、保护者对汉字遗产的珍视与深情。同时，我们不会忘记汉字的灵巧构形在孩子们初识文字时带给他们的喜悦，所以分析汉字的造字法则，从汉字的造字规律中体会中国人的思考、感知与创造也是必不可少的一章。

　　这是本书的写作由来与初衷，现在，我想为所有愿意亲近汉字的人们而写。我想表达的是，关于汉字、关于古老中国文化的悠悠往事与绵绵长情。

目 录

引言

在纸上写下一个汉字意味着什么？在一笔一画的前后衔接、左右逢源中，我们经历了什么？每一个字穿越中华民族的历史之书，翻越时间的冗长页码，来到我们眼前，又是怎样一番因缘际会？

除了古中国，世界上的其他文明古国，也都创造了自己的文字，但是，这些文字最终却不再流传和使用了，它们成为少数学者案头研究的神秘符号。唯有汉字，延续几千年，虽演进变化，却脉络清晰，它带着先民的信仰、智慧与思维方式，不断提取着文明的精微编码，历久弥新，如今依然活生生的，形诸每一位华人的笔端。

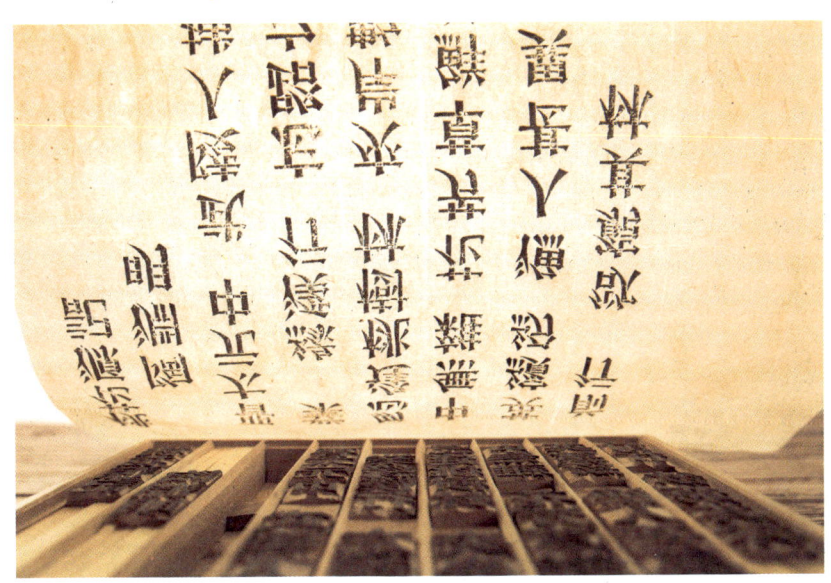

按着一定的笔顺，结构每一处笔画，认真写下每一个汉字，千年的时空变迁，悠久的历史文明，绵延往复，先人的情感与思想在此汇聚交流，生生不息。一部汉字的演变史就是一部中华文明发展史。

一开始，汉字像画画一样，事物什么样，就把它记录成什么样，这就是"象形字"。至今，许多汉字还留有象形的影子，口、火、山、田、水、云……一看到字形，我们就能猜出它表示的意思。但是，这世间的事物不是所有的都"象形"，更别提还有那么多无形可象的抽象事物了，所以，这就需要建立新的造字方法与原则，形成一套严谨的符号表意体系。

汉字是慢慢发明出来的，从创造、规范到统一，这个造字期大约持续了几千年，从甲骨文、金文到秦小篆，从上古传说中的三皇五帝一直到秦始皇建立起统一的封建帝国，实现文字统一。

甲骨文流行于殷商时期（前1600~前1046年），甲即龟的背甲和腹甲，骨即牛羊猪狗等兽类的肩胛骨、肋骨等，所以甲骨文是以写作的媒材来命

名的，是镌刻在龟甲兽骨上的文字。金文主要存在于西周时期（前1046~前771年），"金"即青铜，金文是铸刻于青铜器上的文字的总称。青铜器的礼器以鼎为代表，乐器以钟为代表，"钟鼎"是青铜器的代名词，故金文又称钟鼎文。大篆产生于战国时期的秦国。刻写在鼓形石头上的"石鼓文"即为大篆。小篆是秦始皇统一天下后推行的文字，实现了汉字的符号化与标准化。

小篆下笔要求线条均匀，不做粗细变化，且转折过渡要形成一定的弧度。由于这种规范在日常书写中不够自由，缺乏一定的灵活度，于是，汉字形体发生了"隶变"，隶书盛行于汉代（前206~220年），它变篆书的"圆笔"为"方笔"，确定了汉字的方块造型。

在方块的基本布局下，如何书写在形式上更合宜？汉字的形体构造形式又进行了大约七八百年的探索。自西汉开始，到唐代中后期结束，逐渐演变出草书、楷书、行书等字体。在这一过程中，书写的方法渐渐成为一个独立的艺术门类，我们把它称之为"书法"。书法上的自觉创造由一大批书法家来相继完成，如蔡邕、张芝、钟繇、王羲之、王献之、智永、欧阳询、褚遂良、张旭、颜真卿、怀素、柳公权等。其中，中唐颜真卿所创的"颜体"、晚唐柳公权所创的"柳体"被誉为"字中楷模"，即"楷书"。楷书的书写形式确立了汉字书写的基本标准。

随着汉字的形体构造、书写规则等基本定型，书法进入到艺术风格创立的新阶段，在线条、结体、章法、墨法等方面寻求美学意义上的表达。这个过程从宋代开始一直延续到现在，书法家的杰出代表有苏轼、黄庭坚、米芾、赵孟頫、董其昌、王铎、傅山、邓石如等。

书法展现了中华民族独特的生命精神与审美品格。汉字的字形源流、字义演变更包含了中国历史文化的生动图景，从天地自然到社会民生，从物质文明到德行修养、宗教文化……无不涵括其中。这也是汉字作为历史符号所承载的文化意义。汉字所蕴藏的文化内容，与那些收藏在博物馆里的文物、陈列在广阔中国大地上的遗产互为印证，共同还原出中华文明的博大精深。

今天，汉字又表现出了它活跃的生命力，新的表达不断涌现，新旧云集，它的重组与更新比过去任何一个时代都迅捷。汉字的现实落点越多，古典文化的当下价值与现实意义阐释也就越明显，汉字在传承传统文化、创造性转化与创新性发展中也就担当着愈来愈重要的作用。

100多年前，埋藏于地下3000多年的甲骨文重见天光，这是迄今为止中国发现的年代最早的成熟文字系统，也是汉字的源头和中华优秀传统文化的根。从历史悠久的甲骨文到当今的汉字创意文化产业，汉字是世界文明史上最长寿，同时又最具活力的文字。

汉字不仅是中国的，也是世界的。

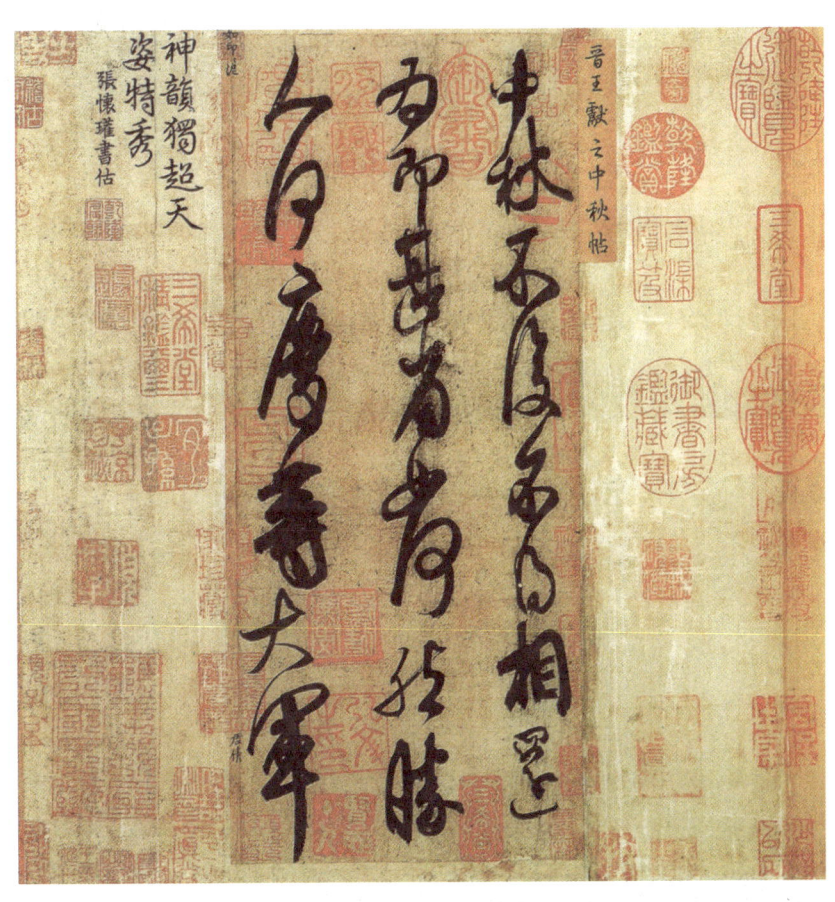

桃花源記

陶淵明

晉太元中　武陵人捕魚為

業　緣溪行　忘路之遠近

忽逢桃樹林　夾岸數百步

中無雜　花芳草鮮美　落

英繽紛　漁人甚異之　復

前行　欲窮其林

第一章

汉字发展史

汉字从创造、规范到统一，造字期大约持续了几千年，自上古传说中的黄帝时期起（约公元前2600多年），经甲骨文、金文，直至公元前221年秦始皇统一中国，推行秦小篆，统一文字，完成汉字的符号化与标准化。汉代，隶书盛行，汉字的方块造型确立。

此后，汉字的形体构造形式又进行了大约七八百年的探索。从西汉开始，到唐代中后期结束，逐渐演变出草书、楷书、行书等字体，书法开始成为独立的艺术门类。从宋代至今，书法则专注于艺术风格与美学意义的表达。

汉字　方块字里的中国

×

PART 01
起源：汉字从哪里来？

黄帝是上古时期传说中的圣王，被尊为"华夏人文始祖"。在时间上可以追溯至公元前两三千年前，这就是中华文明常被概括为"上下五千年"的原因。中国人常称自己为"炎黄子孙"，"炎"即炎帝，"黄"即黄帝，"炎黄子孙"的表达来自中国人对于文明源头的认同感。

仓颉造字

汉字从哪里来？传说汉字是由仓颉创造的。仓颉是黄帝的史官，黄帝命令仓颉造字。

传说，仓颉穷尽眼力，博览了世间万物，从天上星宿的分布到地上山川的布置，从鸟兽虫鱼的痕迹到草木器具的造型，并把这些目力所见谙熟于心，转化为描摹绘写的能力，创造出各种各样的符号，并赋予它们相应的意义。他的这一举动，获得了上天的恩赐——"天雨粟"，也就是粟米如雨，从天上洒下来。造字，也让人类获得了主宰自身命运的能力，不再受制于神秘因素（鬼神作祟），因此"鬼夜哭"，即鬼在夜里号啕大哭，为失去对人类的控制力而大哭。

也许是为了表现仓颉敏锐的观察力，后世在追忆仓颉时，将他的容貌特征记录为"四目"，正如我们在仓颉像中所看到的，他拥有非凡的相貌。

在距今1700多年历史的山东沂南北寨汉墓中，有一处画像石，画面上，依着树干与树冠构成的轮廓里端坐一人，人物下方有一方框，内刻"仓颉"二字。他衣着兽皮，头发披散，四目炯炯，伸出胳膊，做着手势，正与对坐之人交谈讨论。同一时期的临沂吴白庄汉墓的画像石也有类似的画面：一只大鸟伏在一棵扶桑大树下，喙中衔物，朝向一人，此人四目，

✕　仓颉像

踞坐于榻上，与大鸟进行手势交流。

　　仓颉造字虽有文字记载、图像流传，但普遍认为这只是一种传说，这是由汉字发展的复杂性决定的。仓颉极有可能是汉字的整理者，将先民们使用的文字进行搜集、汇总与规范，做了一番集大成的工作，这才是"造字圣人"的真正内涵吧。

　　汉字从哪里来？"仓颉造字说"是关于汉字起源的一种说法，另外还有结绳说、刻契说与八卦说，这三种说法似乎道出了在仓颉造字之前，汉字产生过程中所要经历的几个重要阶段：随着人类生活的积累，先民需要寻找到一种方式将发生过的事件记录下来，这就是"结绳记事"。然而，这种简单的表意形式无法传达复杂的信息，表达的需求渐渐促成了表意符号的萌芽，这就是"刻契"。至于"八卦"的创制，这是更高级的表意符号，它形成了一套表意象征的系统。

结绳记事

结绳记事就是用给绳子打结的方式来记事。但是具体运用什么样的结法来代表事件的细节，从文献的描述来看是很笼统的，我们只是大略知道，大结代表大事，小结代表小事，所谓"事大，大结其绳，事小，小结其绳。"《周易论》

从工艺的角度讲，如果考虑到绳子的材质、颜色、粗细、做结的距离与方向、主绳与支绳等因素，也许结绳的技艺遵循着很严谨的规则，要比文献记录的复杂得多。

美国民族学家路易斯·摩尔根在《古代社会》中讲述易洛魁人新的世袭酋长的起用方法时，提到需要朗诵一条条贝壳珠带上所记录的事实。这种贝壳珠带可以视为结绳记事的一个典型例子。它的形式比较复杂，"由紫色及白色贝壳珠所串成"，或者"由种种色彩的贝珠所织成图形"，它们编结的原理是"对各种事实予以系列的配置"，从而保证"对于过去事实之记忆"的"忠实性和正确性"。但是，这虽然是易洛魁人"唯一能看得见的记录"，却不是人人能懂的，"需要那些有训练的解释者，才能够把连锁在贝带上的珠串和图案中的记录抽绎出来。"

美国华裔科幻小说家刘宇昆在《结绳记事》中赋予了这种记事方式完美的想象。绳结和语音之间因此对应得更为精确。"一根柔软而富有弹性的长麻绳，捋直缠好，形成合适的张力和圈数。绳上可以绑21种不同的绳结，对应发出不同音节时的唇齿形状，像佛珠一样串在一起的绳结组成词语、句子、段落。语言被赋予形象和实质。"再比如，绳结解读的便捷性，"一本结绳书不是一根直线，更像是紧凑的塑像，不同的绳结在缠绕的绳索上呈现出不同的形状，只消一瞥，你就能看出言论的走向和形式，手指的

接触随着节奏和音律起起伏伏。"

　　结绳是一种记录，是对曾经发生的事情的一种提示，但它的形式决定了它无法做精细的标准化规定，也无法长期保存，所以只能局限于小范围的认知，只能保存短时间的记忆与有限的交流。若想记忆长久留存，需要能够普遍推广的形式，需要约定俗成的表意符号。

刻契说

　　刻契，"刻"是在木条或竹条上进行刻画，"契"是刻画后的形态，一般是简单的符号，或者是"刻其侧"的缺口，做齿状。如《列子·说符篇》所记："宋人有游于道，得人遗契者，归而藏之，密数其齿。"刻契是表意符号的萌芽，常作为契约的功能，双方各执一份，作为事先约定的证据。郑玄注《系辞》时提到，"书之于木，刻其侧为契，各持其一，后以相考合。"

从近现代人类学的田野调查资料看，契刻是某些少数民族记事的主要方式。傈僳族在20世纪50年代民主改革之前，还保留着某些原始氏族制度的残余形式，与这种社会形态相应的交流、记事方式便是契刻。

在解放初期，傈僳族曾刻木送给中央调查团，刻木上的划痕图案依次是：①三条竖道；②一个圆形；③一个叉；④三条竖道（一道比一道短）。这段契刻表达的意思是：①你们来了三个人；②在月圆之时；③我们相遇；④我们送上三包土特产，请分别送给大中小三位领导。

契刻上的线条符号、齿缺形式，有固定的含义，起到了协助记忆、传递信息与作契约凭证的作用。这些符号可以视为原始汉字的源头之一，有一部分发展为后来的指事字，例如"一""二""三""四""五""六""七"和"入""上""下"等。但是它们只是孤立符号的运用，尚未形成符号体系，所以，契刻很可能是文字的萌芽形态，促进了文字的产生。

八卦说

八卦是八种符号，用一道"——"与两道"— —"的基本构形要素进行自由组合，每三行合为一组，构成一种符号，共计八种，作事物的象征。

传说，八卦为伏羲所画。"古者包牺氏之王天下也，仰则观象于天，俯则观法于地。观鸟兽之文与地之宜，近取诸身，远取诸物，于是始作八卦，以通神明之德，以类万物之情。"（《易·系辞下》）

包牺氏即伏羲，在传世的古代典籍中，伏羲经历了一个从无到有，从

乾　兑　离　震　巽　坎　艮　坤

× 八卦

神到帝的身份的转变，对伏羲的记载也经历了从凌乱到系统的衍化过程。因此，伏羲既是上古神话中的创世神祇，又在中国古代传说时代的帝王世系中，被奉为"三皇之首""百王之先"，时间设置上在"五帝"（黄帝、颛顼、帝喾、尧、舜）之前。

伏羲审视天地运作的形态，观察鸟兽身上的纹理，揣摩万物合宜的形式，创造了八卦，象征自然界天、地、水、火、雷、风、山、泽八种事物，再与社会人事相附合，初步形成一种囊括自然、社会、人生、事物等各个方面的意义阐释体系。

八卦成为上古筮人进行占卜推衍吉凶的符号，因此，从最基础的符号到组合都有其特定的称谓，"——"为阳爻，"— —"为阴爻。爻含有交错和变化之意。每三爻合成一卦，可得八卦。

及至后来，两卦（六爻）两两组合，又演绎为六十四卦。春秋时期，孔子再加以解释，发展成一个庞大周密的解释体系，这就是《周易》。

卦爻符号不具备汉字的形体特征，无法直接演化为汉字，但是八卦作为一个符号系统，为汉字全面意义上的诞生，提供了一个样板。

汉字起源于上古先民生产生活的实际需要，从最初的表意符的探索、表意系统的认知到文字的产生，经历了漫长而复杂的过程，时间久远甚至无从确实追忆，所以听起来是种种传说。恰恰是这些简单的归结和想象，让我们寻到了关于文字起源的重要脉络。

PART 02

甲骨文：刻写于龟甲或兽骨上的文字

　　"甲骨文"是目前中国考证发现的最早的具有完整体系的文字。甲骨文有好几种命名，不同的称谓合在一起，可以从不同方面勾勒出甲骨文的基本形态。称"龟甲兽骨文字"或"甲骨文"，表明甲骨文书写的物质媒材是龟甲和兽骨；称"契文""刻辞"，表明甲骨文的书写方法是用刀刻；称"卜辞"，表明甲骨文所记录的主要是关于占卜的内容；称"殷契刻辞"，明确了这是殷商时代的产物；称"殷虚卜辞"，明确了这是在商晚期国都遗址"殷墟"挖掘出来的。因此，甲骨文有文字学、历史文献学、考古学等方面的重要价值。

源自占卜的甲骨文

　　甲骨上的卜辞与商王朝巫鬼信仰有关。"殷人尊神，率民以事神，先鬼而后礼。"（《礼记·表记》）

　　商朝人凡事皆通过求神问卜，得知吉凶祸福，最后调整行动策略。占

✕ 甲骨文

卜是国家政治生活的重要组成部分，朝廷中设置有专门的机构与卜官，负责占卜活动，占卜涉及祭祀、气候、收成、征伐、田猎、病患、生育、出行等社会生活的方方面面，占卜后刻辞的甲骨，作为国家档案进行保存。甲骨文是研究商朝后期历史的第一手材料。

甲骨作为占卜工具与书写材料，常用的是龟腹甲与牛肩胛骨。在占卜前需要进行一番"攻治"，即包括取材、削、锯、切、错、刮、磨、穿孔及凿钻等几道工序，目的是消除版面的凹凸起伏，形成一个平面，保持均匀平滑，便于契刻。

占卜的基本方式是，在龟腹甲、牛肩胛骨内面钻孔后加热，使外面产生裂纹，再根据裂纹判断吉凶。占卜者和卜问的内容等都契刻在裂纹旁边。刻刀有锐钝，骨质有粗细，因而甲骨文笔画粗细不一，结体上也大小不一，但已呈现对称、稳定的格局。完整的卜辞一般分为四个部分：前辞（叙辞）、命辞、占辞、验辞。

以甲骨文《丙》368，"卜雨卜辞"为例	
前辞或叙辞（占卜时间、卜人的名字）	"癸巳卜，争贞。" 占卜的日期是癸巳这一天，占卜人叫争。"贞"就是问的意思。
命辞（卜问的事情）	"今一月雨。今一月不其雨。" 这个月会下雨。这个月不会下雨。就是在问这个月会不会下雨呢？ 命辞常常是两面贞问。"正面贞问"为肯定的卜问，"反面贞问"为否定的卜问，合在一起为"正反对贞"。
占辞（根据龟甲上的裂纹进行判断的话）	"王占曰：'丙雨。旬，壬寅雨，甲辰亦雨。'" 商王根据卜兆判断说："丙日会下雨。接下来的一旬（十天），壬寅日下雨，甲辰日也会下雨。"
验辞（记录应验的情况）	"巳酉雨，辛亥亦雨。"

商朝后期所处的时间段是从公元前14世纪到公元前11世纪，在将近1000年后，也就是公元前2世纪，这个伟大王朝的世系与历史还详细地记录在司马迁的《史记·殷本纪》中。此后，又过了三四百年。到了公元2世纪，许慎编撰《说文解字》，这是中国第一部分析字形、说解字义、辨识声读的字典，但是从字典中的字形追溯来看，古文字研究的主要依据是商周青铜器上的铭文，许慎是没有见过甲骨文的。

直到20世纪，殷商甲骨上文字的发现和认定，探源到了中国"最早的汉字"。它上承原始刻绘符号，下启青铜铭文，是汉字发展的关键形态，既在源头上弥补了《说文解字》的疏失，又直接以实物印证了距今3000多年的商王朝的真实存在，极大地延伸了中国历史的长度。

沉睡 3000 年的甲骨文重见天日

清光绪二十五年（1899 年）秋，山东潍县古董商范维清带了一些龟甲，请教时任国子监祭酒的王懿荣。由于"懿荣泛涉书史，嗜金石"，在青铜器铭文、石刻文字方面的研究造诣颇深，因此对于龟甲上的刻痕有着敏锐的判断，并委托古董商为其收购甲骨。这就是王国维后来记述的，甲骨文"初出土后，潍县估人得其数片，以售之福山王文敏（王懿荣谥号）。文敏秘其事，一时所出，先后皆归之。"

如果时机恰当，王懿荣也许像早年间投入于搜集、整理家乡出土文物一样，或者像在京做官，流连于古董市场并著录《天壤阁杂记》一样，潜心于甲骨文的考释与研究。当然，也有可能像当年不忍古墓遗址遭毁，上书朝廷，针对甲骨的出土源头提出相应的保护措施。

╳ 王懿荣

然而，历史并没有给出这样的机会。1900年，八国联军从天津向北京进攻，史称"庚子国难"。清兵无力抵抗。慈禧太后携光绪皇帝改装出逃。当时负责北京城防的王懿荣虽然"率勇拒之"，但终究"众溃不复成军"。王懿荣深感"吾义不可苟生！"留有绝命词一首："主忧臣辱，主辱臣死。於止知其所止，此为近之。"后投井而死。

王懿荣之子善后，将甲骨变卖，刘鹗购买了王府的大部分甲骨。1903年，在罗振玉等人的协助下，从个人收藏的5000多片甲骨中，"精拓千片"，石印出版了中国第一部甲骨文资料书《铁云藏龟》。"铁云"是刘鹗的字，"藏"即收藏，"龟"即龟甲。刘鹗将私家收藏公之于众，成为研究甲骨文的"开路先锋"。在《铁云藏龟》中，刘鹗从文字之"象形"表现这一线索出发，将青铜器上的文字与甲骨上的文字形态进行对照，发现甲骨中象形字居多，依据金文"定为商器"，第一次提出甲骨文是"殷人刀笔文字"的论断，确认了甲骨文是中国最早的文字体系。

刘鹗博学多才，广泛研习水利、算学、医学、金石、天文、音律、训诂等各种学问，讲求实用，开医馆、设书局、帮办治黄工程，后被保荐到总理各国事务衙门，因此与洋人有生意上的往来，是外商之买办与经纪人。因此，一旦触犯到当地官绅的利益，刘鹗与洋人的关系就会成为某种罪证。1909年，清廷以"私售仓粟"罪把他充军新疆。"私售仓粟"指的是，1900年刘鹗向联军处购得太仓储粟，设平粜局以赈北京饥困。多年旧事被重提并定罪，主要原因在于，刘鹗所购买的地皮因铁路开通而地价飙升，有人却想以原价收购，被刘鹗拒绝。刘鹗对于甲骨的认知止于《铁云藏龟》，刘府所藏甲骨也四处流散了。

1911年，辛亥革命爆发，清政府专制帝制被推翻，中华民国成立。原清政府学部参事罗振玉与同事王国维，出逃日本。侨居日本期间，罗振玉著述《殷墟书契》前编、后编及《殷墟书契菁华》等，并由王国维协助，撰成《殷墟书契考释》及《流沙坠简》。

1917年，王国维在上海完成"二考一论"，即《殷卜辞中所见先公先王考》《殷卜辞中所见先公先王续考》《殷周制度论》。王国维根据甲骨文考证出殷商先公、先王的姓名及前后顺序，印证了《史记·殷本纪》的可靠性，创造了以出土文物和古代文献对照验证的二重证据法，把中国信史提早了1000多年，有效地回击了20世纪20年代前后盛行的疑古之风。

1923年春，王国维经升允推荐，到北京充任逊帝溥仪的南书房行走。1925年，王国维接受了清华学校的礼聘，搬入清华园，担任国学院导师，

✕ 王国维

但名义上仍是溥仪的"南书房行走"。然而时代风云变幻，国民革命冲击着"遗老"身份，也冲击旧学旧思想。1927年，王国维自沉于颐和园昆明湖鱼藻轩，遗书中道，"五十之年，只欠一死。经此世变，义无再辱。"

战火纷飞中的殷墟考古

1928年3月，中央研究院历史语言研究所（简称"史语所"）正式成立，政府开始考虑殷墟的考古挖掘工作。到1937年，史语所总共进行了15次发掘，每一次都由不同的学者来主持。在这15次发掘中，有收获颇丰的幸运时期，也有凄惨萧条的不幸阶段，其中，第五、六、七次发掘乏善可陈，在准备第八次挖掘时，正值军阀中原大战，考古队居住的袁家花园养寿堂也被军队占领，考古工作暂停。

1936年的第十三次发掘挖到了堆满甲骨的窖穴，这就是著名的YH127坑。这一惊天动地的大发现，也带来了有史以来最特别的一次考古活动。由于YH127坑的甲骨数量庞大，无法在野外现场剔剥洗刷，因此史语所决定尝试把甲骨连带着土层一起带走，这就是后来所谓的"室内田野发掘"或"室内考古"。

所方先请了30位长工来将坑挖大，先由考古队探测甲骨坑的倾斜度与最深处，然后将甲骨灰土堆沿着窖穴边缘起出一个灰土柱。接着派人到城里请木匠做了一个大木箱，箱体2米见方，1.2米高，可以将甲骨灰土柱全部装入箱内，起到保护的作用。不过，显然不可能将灰土柱"拿"到箱子里，只能由上至下往灰土柱上套，所以箱子暂未封底。为了防止在套箱过

※ 1928年秋，殷墟第一次发掘，董作宾（右）及李春昱（左）测量绘图

程中，箱子内壁刮到灰土柱，考古队事先用油布把灰土柱裹好。为了保证灰土层位不错乱，套箱子时把箱体放倒并用砖块支撑，钉底盖，加铁条，将灰土柱恢复平稳，每一个步骤都不能有半点儿闪失。

装箱工作完毕，重达5吨，没有起重机，怎么办？全凭人力。史语所请工人从坑中引出一条斜上来的坡道，在底部加垫木头，用绳索绑住箱子，前面人拉，后面人推，箱子终于运了上来。但是箱子还要拉到火车站才能运往南京，当地百姓想到了抬灵柩的方式，在箱子上拴绑木杠，由64个壮小伙，花了两天时间，将其运到火车站。

在南京史语所，室内考古工作开始，考古人员开始揭甲骨、拍照、拓画龟板等工作，但还来不及编号，便随着日军入侵南京而匆忙装箱，从水路走汉口、长沙，两年后运抵昆明，才开始开箱整理。那时候，完整的300多片甲骨多已粉碎、混杂。

从1928年到1937年的殷墟15次挖掘所得的甲骨全部收录在《殷墟文字

✕ 1936 年春，殷墟第十三次发掘，小屯第十次 YH127 发掘情形

甲编》《殷墟文字乙编》以及《殷墟文字乙编补遗》三本著录之中。然书籍出版都是十年之后的事情了。

1937年，《甲编》的80页样张已校好，封面已拟就，即将由上海商务印书馆出版之际，突遭日军侵占浦东，而图版正存于商务印书馆的浦东厂中。8月日军轰炸南京，史语所转长沙赴昆明，1939年与商务印书馆再度订约，筹备一年。1940年《甲编》终于正式出版。因定价高，每部120元，航空邮寄费用高，从香港寄往昆明要三百元，所以，史语所一直未曾见到这本书。1941年的12月，香港沦陷，商务印书馆损失重大，《甲编》也消失在战火中。

1945年抗战胜利，1947年史语所颠沛流离，终于返回南京，《甲编》也有了第三次出版的机会。董作宾先生作序，不胜唏嘘，感慨万千："每一片甲骨，登记、整理、上胶要费时间；传拓、剪贴、编排要费工夫；照相、制版、印刷要费手续；从采掘出来的一堆甲骨，到印成一本书，绝不是可以咄嗟立就的。我们何尝不是时时刻刻在积极地进行？可是直到现在，使我们这部书晚出了整整十年，又是谁的责任呢？"

1949年，新中国成立，这个苦难重重的民族终于赢得了新生。甲骨文的考古、整理与研究也进入了一个新的阶段。此前，那些在政治变革、国难当头，依然付出心力去护佑民族文化遗产的中国知识人、劳动者，将永远被历史铭记。

100多年来，几代甲骨学学者薪尽火传。在迄今已发现的4500多个甲骨文单字中，能释读的甲骨文虽不到1500个，但正如罗振玉先生当年所希望的，"今日所不知者，异日或知之。在我所不知者，他人或知之。"甲骨文作为历史文献资料，让我们切切实实地体会到，三千年前的先民有非常具体的生活形态，他们不在神话的故事虚构里，他们在确定的历史时空中。

PART 03

金文：铸刻在青铜器上的文字

　　金文是铸造或刻画在青铜器上的铭文，字形庄重典雅，笔画圆浑饱满，布局整饬。这与金文的铸刻方式及呈现平面有极大关系。

　　青铜器的铸造一般为陶范法，所以铭文的刻写首先是在陶泥上完成的。和甲骨比起来，金文的刻写材料显然柔软很多，刀法运用自然更灵活，行止可控，这也是金文看起来比甲骨文精美的原因之一。另外，铭文多铸刻于器物底部或者内壁，这些地方都相对平整、舒展，不像甲骨文可利用的平面有限，且不规整。

金文，祭祀、记事的铭文

　　西周时期的金文是国家制度意义上的直观考证，在内容上包括祭祀典礼、颂祖戒后、赏赐册命、征伐记功、训诰臣下、刑典契约等。青铜器物也成为受封的同姓或异姓王臣贵族的世传重器。从目前已发现的周朝窖藏青铜器群来看，重要的器主有天亡、毛公、盂、善夫克、函皇父、梁其、中氏、矢、散伯车父、裘卫、伯、虢季氏、白公父、瑂戎父、微氏等为首的家族。

1976年，陕西宝鸡发掘出土的扶风庄白一、二号窖藏铜器群，记录微氏家族七代人世袭于西周王朝。在这批铜器中，最重要的是墙盘。以史墙盘为例，这是西周微氏家族中一位名叫墙的人，为纪念其先祖而作的铜盘。盘为圈足，双附耳，腹饰垂冠分尾凤鸟纹，圈足饰窃曲纹，均以云雷纹填地。284字铭文的前半部分颂扬周天子的文治武功，按着世系将周王追溯了一番，从文王、武王、成王、康王、昭王、穆王直至当时在位的共（恭）王；后半部分颂扬微氏家族历代祖先的功德，同时叙及自身，表达对周王的感恩与效忠。

出土于19世纪的虢季子白盘，是商周时期的盛水器，为圆角长方形，四曲尺形足，口大底小，四壁各有两只衔环兽首耳，口沿饰一圈窃曲纹，下为波带纹，被称为"西周金文中的绝品"。虢季子白盘现藏于中国国家博物馆，是中国首批禁止出国（境）展览文物之一。

虢季子白盘内底铸有铭文8行111字，篇幅工整，结字优美，且文辞修饰用韵，行文

陶范法

又称模铸法，先以泥制模，雕塑各种镜背图案、铭文，阴干后再经烧制，使其成为母模，然后再以母模制泥范，同样阴干烧制成陶范，熔化合金，将合金浇注入陶范范腔里成器，脱范后再经清理、打磨，加工后即为青铜器成品。

商周时期的青铜器铸造基本上都采用陶范法的铸造工艺。与其后用失蜡法制造的青铜器不同，陶范法的模和范只能使用一次，青铜器上会留下一些工艺痕迹。

✕ 裘卫

与《诗经》全似，是一篇铸在青铜器上的诗，记述了子白的赫赫战功。周宣王十二年（前816年），虢季子白征伐猃狁族，于洛河北岸斩了500个敌人的首级（"折首五百"），抓获俘虏50人（"执讯五十"），并且割下敌人左耳献给了王（"献馘于王"），为了表彰子白在军事行动中的英勇行为，王在太庙中大宴群臣，认为子白功劳显赫，无比荣耀（"孔显又＜有＞光"），赏赐战车、弓箭与大钺。

现藏于陕西历史博物馆的裘卫盉，出土于1975年，是西周恭王时期铸造的温酒器。当时出土的37件青铜器中，大部分都铸有铭文，为人们了解西周中晚期的政治、经济、法律、土地制度和阶级关系等提供了重要的文字资料。其中铸造于周恭王时期的裘卫家的两件鼎、一件盉、一件簋，被称为"裘卫四器"。裘卫盉鼓腹连裆，足作圆柱形，管状长流。

裘卫盉的铭文在器盖内里，共132个字，记载了周恭王三年（前920年），矩邑的封君矩伯和贵族裘卫之间的土地交易活动。矩伯用1300亩

× 虢季子白盘

农用土地换取裘卫觐见天子的礼器与礼服，并分两次支付。裘卫将此事报告了执政大臣，得到了许可，还进行了授田仪式，完成了土地交割的合法手续。

西周早期，土地"王有"，"普天之下，莫非王土；率土之滨，莫非王臣。"（《诗经·小雅·北山》）

西周前期大量金文提到册封诸侯的赏赐，赐疆土、赐采地，赐田里、舍宇等，而裘卫盉的铭文将土地交换的约契铸于铜器，土地不再"王有"，反映了西周晚期土地关系的新变化，意味着西周王朝走向衰亡。

虢季子白盘铭文

隹（唯）十又二年，正月初吉丁亥，虢季子白乍宝盘。不显子白，壮武于戎工，经维四方。搏伐猃狁，于洛之阳。折首五百，执讯五十，是以先行。桓桓子白，献馘于王，王孔加子白义。王各周庙宣榭，爰飨。王曰："白父，孔显又光。"王赐乘马，是用左王；赐用弓彤矢，其央。赐用戉（钺），用政蛮方。子子孙孙，万年无疆。

贯穿中国历史的金石学研究

东汉许慎（约58~147年）在《说文解字》一书的序言中说"郡国亦往往于山川得鼎彝，其铭即前代之古文，皆自相似。虽叵复见远流，其详可得略说也。"也就是说，从出土的先秦青铜器（"鼎彝"）上的铭文（"铭"）可以大体领会（"可得略"）古文字（"前代之古文"）的风貌。这也是《说文解字》为汉字溯源的一个重要依据。

《汉书·郊祀志》还有关于铭文释读的记载。西汉晚期宣帝时，在美阳（今陕西武功县）出土了一个铜鼎，贡献给朝廷，大臣们主张"宜荐见宗庙"。当时的京兆尹张敞根据周代的历史足迹，认为出土地美阳是周人居住的旧地，应有宗庙祭物遗存，所以考证铜鼎的年代为周。他精通古文，释读出铭文为：

王命尸臣："官此枸邑，赐尔旗鸾黼黻琱戈。"

尸臣拜手稽首曰："敢对扬天子丕显休命！"

由此可知，周天子赏赐尸臣，尸臣的子孙将此事铸鼎铭刻以纪念之。而将此鼎的尺寸与之前的宗庙旧藏一比，在形制上"此鼎细小"，应属大臣之器，所以不宜藏于宗庙。文献记载了商周青铜器在后代的流传情形，考古发现中也常有晚期墓葬出土早期商周器物的情况，不论是墓主人祖传，还是生前所见出土并收藏，都意味着商周器物作为商周历史的重要原始资料，一直贯穿于历史的行进之中，同时也在不断推动金石学研究。

金文的发现与研究在古代属于金石学研究领域。宋代是古代金石学研究的高峰时期。金文著录书中有的兼录器形与铭文，有的单录铭文，有的专门考释，具有现代意义上历史学、考古学、语言学方面的综合价值。由宋代赵明诚撰写大部分，其妻李清照完成剩余部分的《金石录》是中国最早的金石目录和研究专著之一，共30卷，著录了作者所见的从上古三代至隋唐五代的钟鼎彝器的铭文款识和碑铭墓志等石刻文字。"取上自三代，下迄五季，钟、鼎、甗、鬲、盘、彝、尊、敦之款识，丰碑、大碣，显人、晦士之事迹，凡见于金石刻者二千卷，皆是正讹谬，去取褒贬，上足以合圣人之道，下足以订史氏之失者，皆载之，可谓多矣。"青铜器作为铭文的载体，对于收藏空间、运输条件均有要求。赵明诚所藏青铜器物几乎都在北宋末年的战火离乱中散佚了。

宋钦宗靖康二年（1127年），金人大举南侵，俘获宋徽宗、钦宗父子，史称"靖康之变"，北宋朝廷覆灭。5月，康王赵构南下到陪都南京应天府（河南商丘）鸿庆宫祭祀赵宋祖庙，在宫殿内即位为宋高宗，改元建炎，南宋开始。同年3月赵明诚因奔母丧先南下金陵，任江宁知府。

民族危难，赵明诚奔丧在外，妻子李清照担负起了整理青州故第藏品南下的重任。她建立的遴选标准是——"既长物不能尽载，乃先去书之重大印本者，又去画之多幅者，又去古器之无款识者。后又去书之监本者，画之平常者，器之重大者。"（《金石录后序》）

最后，李清照整理出了15车藏品，到东海，走水路，舟船相连，渡淮水，渡长江，最后抵达建康。而留在原地的十余间屋子的"书册什物"，在12月的青州兵变中，"皆为煨烬"。

此后，随着金兵渡江南侵，宋高宗率臣僚南逃，直至建炎四年（1130年）夏，金兵撤离江南后，南宋朝廷才渐渐稳定下来。李清照先是遭逢赵明诚染疾去世，随后则是带着这15车文物颠沛流离。绍兴二年（1132年），李清照到达杭州时，图书文物早已散失殆尽。

在赵明诚罢守江宁，又赴湖州上任之际，国势日急，夫妻曾有一场作别，李清照心绪低落，如何对待这些古物收藏？赵明诚最后是将"宗器"

金石錄後序

予以建中辛巳歸趙氏時丞相作吏部侍郎家素貧儉德甫在太學每朔望謁告出質衣取半千錢步入相國寺市碑文果實歸相對展玩咀嚼後二年從官便有窮盡天下古文奇字之志傳寫未見書買名人書畫古奇器有持徐熙牡

〤 宋 · 李清照《金石录后序》

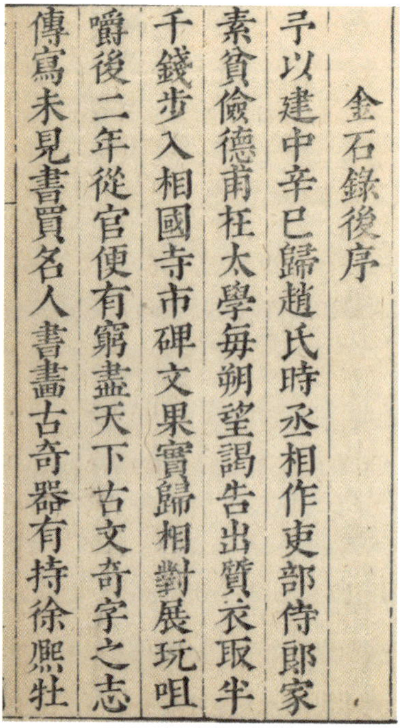

（宗庙祭祀所用的青铜器物）放在了至高的地位，须用生命去捍卫，“与身俱存亡”。

余意甚恶，呼曰：“如传闻城中缓急，奈何？”

戟手遥应曰：“从众。必不得已，先弃辎重，次衣被，次书册卷轴，次古器，独所谓宗器者，可自负抱，与身俱存亡，勿忘之。”

——《金石录后序》

清乾嘉以后（18世纪末期），金文的著录、研究达到鼎盛时期。民国时期，古器物的考订、铭文的收集、训释等都有了深度推进。如今，中国社会科学院考古研究所编著的《殷周金文集成》是商周金文资料的集大成之

✕ 西周毛公鼎

作，收录了1988年之前出土的所有金文拓片，总计11983件，研究翔实，包括铭文字数、时代、著录、出土、流传、拓本来源及所藏地等。

西周时期是青铜器的铸造鼎盛期，青铜器也成了汉字的重要载体。西周中期以后长篇铭文逐渐增多，最长的是西周晚期的毛公鼎，有497字。1843年出土于陕西岐山（今宝鸡市岐山县）。毛公鼎高53.8厘米，腹深27.2厘米，口径47厘米，重34.7公斤。毛公鼎铭文的内容可分成7段，记载了周宣王即位之初，为了振兴朝政，请其叔父毛公为其治理国家大小事务。毛公勤公无私，深得周宣王认可，赠予其命服厚赐。于是，毛公将其事铸鼎记录，以传后世子孙。毛公鼎铭文叙事完整，记载翔实，被誉为"抵得一篇《尚书》"，是研究西周晚期政治史的重要史料。

PART 04
篆书：皇帝的文字

　　春秋战国时代，列国封建割据，"田畴异亩，车途异轨，律令异法，衣冠异制，言语异声，文字异形"，是汉字发展史上的分化变革期。文字散见

味 mi azi taste	密 mitu secret	脈 myaku mitiru pulse	民 min tami people	務 mu tutomeru duty
無 mu nai nothing	夢 mu yume dream	名 mei na name	明 mei akari light	命 mei inoti life
迷 mei mayou bewilder	盟 mei kata pledge	鳴 mei naku sound	面 men omote face	綿 men wata cotton
模 mo kata imitate	毛 mou ke hair	目 moku me eye	門 mon kado gate	問 mon toi question
夜 ya yoru night	野 ya no field	役 yaku post	約 yaku nearly	訳 yaku wake reason
薬 yaku kusuri medicine	由 yu yosi cause	油 yo abura oil	輸 yu wata transfer	友 yu tomo friend
有 yuu aru exist	勇 yuu isamu courage	郵 yuu mail	遊 yuu asobu playing	優 yuu sugureru gentle

✕ 篆文

于各种载体，日用铜器、兵器、陶器、印玺、钱币、竹简、丝帛等，出现了大量简化字、异形字，也出现了"鸟虫书"这样的美术字。

各国的文字中，唯独秦国规范性较强。秦通行的字体是"大篆"，以"石鼓文"为代表。它在金文基础上演变而来，笔画比金文更舒展均匀，结构比金文更严整沉稳，介于金文和小篆之间，甚至有人说它是今天汉字的"祖宗"。

秦始皇统一六国后，"罢其不与秦文合"的六国文字，以政令的形式推行全国的标准字体，这就是小篆。小篆是法定的规范字体，是汉字书体史上的一次大统一。小篆顺应当时文字简化的趋势，简化了大篆的笔画或部件；沿用了大篆圆转流畅的笔道，结构安排的关联感更强，字形偏长。

石鼓：不能敲击只刻诗的鼓

在故宫博物院石鼓馆，陈列着十个石头墩子，大小统一，高约1米，径约0.67米，中间微凸，形状似鼓，鼓壁石皮多斑驳，细看均环刻有线条曲致的文字。这就是石鼓，上面的文字被称为石鼓文。

其实，每个石鼓表面所刻文字均为一首四言诗，共十首。后人根据鼓身上的文字，将十面石鼓分别命名为：乍原、而师、马荐、吾水、吴人、吾车、汧殹、田车、銮车、霝雨。每个石鼓的表面都刻有一首四言诗，有的说的是修治道途之事，有的说的是游猎之事，有的赞美汧源之美和游鱼之乐，有的讲述狩猎归来，途中遇雨、涉水、行舟的情形。

可惜历经2000多年的颠沛流离，石鼓上的文字慢慢剥落，石鼓刻石文

字原本共计718字，多已残损，北宋欧阳修录时存465字，明代范氏天一阁藏本仅462字，目前仅存327字，"马荐"鼓已一字无存。

石鼓在春秋晚期时凿刻，1000多年后于唐初重现于世，此后浮沉有时。在这一过程中，传世拓片往往提供了重要线索。拓片从拓印而来，拓印是一种复制技术，通过拓印得到的带有文字、图案的纸片就是拓片。

北宋仁宗继位后，曾下旨寻找石鼓。石鼓再次被发现时，十面石鼓中的"乍原石鼓"一直未被找到。北宋皇祐四年（1052年），金石收藏家向传师在对收集的几种石鼓文拓片进行对照时，意外地发现，太氏石鼓文拓片保留有"乍原石鼓"的文字，这表明太氏曾收藏过乍原石鼓。

按图索骥，向传师赶到关中太氏的老家，却不幸发现，太氏全家已死于前一年的瘟疫。为了避免瘟疫传播，房屋财产已被焚毁。但是石头不惧火烧，石鼓一定还存于世。向传师于是在关中继续查访，终于在一屠户家

中发现了石鼓。

此时，乍原石鼓被当成了普通石头来用，顶部已切掉，中间掏成了凹状，变成了一个石臼，用来捣米；上端的切面正好做磨刀石，供屠夫磨刀。而鼓壁上仅余下半部的四行文字了。宋大观年间（1107~1110年），向传师将乍原运至汴京，交给朝廷。

宋徽宗集到十面石鼓，当时全部石鼓上可以辨认的文字只剩下432个了，为了减缓风化，以及人工拓印的损伤，徽宗下令用黄金填注石鼓文字，稳住字形。可惜，文字保下来了，国家却沦丧了。1127年，金军南下，攻破开封，北宋灭亡。宋徽宗和宋钦宗一并被掳走，后妃、官员、内侍宫女、技艺工匠等3000多人被迫北迁，城中的礼器法物、天文仪器、古典图籍、珍贵文物等也被悉数掠走，石鼓也在其中。只可惜金人并不珍惜它们。石鼓被运至燕京后，被人剔去石鼓上的黄金，然后弃之荒野。

到元代，石鼓上的文字只有386个了，而且还包括近一半的不可辨认的字。元大德四年（1300年），国子教授虞集在一片淤泥中发现石鼓后，将其迁往文庙大成门内保存，使得石鼓平安经历了元明清三代。清乾隆年间，乾隆命人仿制复刻十面石鼓，安置在北京孔庙的大成门东西两侧，代替了原秦石鼓，以利秦石鼓的保存。乾隆石鼓的形状不同于旧石鼓的馒头状，而是和现代鼓的形状一样，但鼓上所刻文字仍然模仿旧鼓的字体。

至此，石鼓文终于在两千多年在历史长河中稳稳地露出了水面，超越了无数的世代，比元明清更长久，也更传奇。

如果说在古中国的前朝世代，石鼓只要藏好自己可能就没有风险了，那么在20世纪三四十年代的中国，抗日战争期间，石鼓则需要被携带着跑来跑去，躲避日军侵袭的战火，躲避各种意外。

1933年1月31日，山海关失陷。当时的国民政府判断，日本人在占领东北后，将继续侵略步伐，平津一战在所难免。故宫博物院理事会为避免战火波及珍贵文物，决定将故宫博物院珍藏的文物迁至南方保存，其中石鼓作为第四批故宫文物准备南迁至上海。当时石鼓的石皮成了保护重点，经历千年的风化与后世大量的拓印，许多刻字的部分已与石体分离，产生了缝隙，如果保护不当，外力稍一挤压，极易剥落，上面的石刻也就随之粉碎了。

因此石鼓装箱包装前，工作人员从古物收藏家那里获得了一个秘方，对石鼓作了特殊处理：用极薄极软的棉纸蘸水浸湿，然后用镊子把湿软的棉纸塞进石鼓的裂缝里，棉纸干了之后能很好地撑满缝隙空间，以此达到缓震的效果。此外，石鼓装箱之际，外面再裹两层棉被，四周再用稻草塞紧，保证石鼓在运输中减少内部磕碰。装箱工作整整进行了一个月才完成。

三年后，故宫博物院南京分院成立，石鼓迁往南京，安置在南京朝天

✕ 1933年初，故宫博物院的文物装好箱后，集中到太和门广场

宫的文物库房。1937年，抗日战争全面爆发，南京告急，故宫文物又一次西迁。石鼓经徐州到达宝鸡，又向陕南汉中转移。但因日军飞机曾两次空袭汉中，文物不能久留，只得被迫向成都转移。石鼓刚刚离开汉中，暂存文物库房就被日机炸毁。最后，石鼓等文物落脚于四川峨眉县的临时文物库房。

　　1945年抗战胜利后，南迁文物迁回南京，途中曾发生两次车祸。一次车子撞树，一次车子翻下山崖，然而石鼓都幸运地完好无损，如今得以静静地安放在故宫博物院中。石鼓，携带着一部分先秦的历史，走进了中华民族绵延纵深的岁月里，在历史的潮汐中跌宕。

小篆：泰山刻石与琅琊刻石

小篆是秦始皇统一中国后，实行文字统一后（"书同文字"）的标准字体，由李斯等人在秦国原来使用的文字基础上整理与创制。《太平广记》引蒙恬《笔经》曰："秦丞相李斯曰：上古作大篆，颇行于世，但为古远，人多不能译。今删略繁者，取其合体，参为小篆。"小篆在全国范围内的推广，废除了原先六国区域性的"文字异形"的局面，使得中央政令可以有效地贯彻到地方，也促进了各地区之间在经济文化等方面的交流。

《说文解字》保存了9000多个小篆字形，这是最系统、最丰富的秦代文字资料。小篆上承古文字，下启隶书、楷书，是研究汉字基本结构、历史演变的重要著作。

据《史记》记载，秦始皇在位十二年间（前221~前209年），曾先后四次巡视天下，立石刻辞六处，文章七篇，宣扬自己的功绩，留有《峄山刻石》《泰山刻石》《琅琊刻石》《之罘刻石》《东观刻石》《碣石刻石》《会稽刻石》等。秦二世时，又在每处刻石上加刻同一道诏书：

皇帝曰："金石刻尽始皇帝所为也。今袭号，而金石刻辞不称始皇帝，其于久远也，如后嗣为之者，不称成功盛德。"

丞相臣斯、臣去疾、御史大夫臣德昧死言："臣请具刻诏书金石刻，因明白矣。臣昧死请。"

制曰："可。"

秦二世承袭了皇帝的称号，但是秦始皇的刻石并没有称"始皇帝"，而是称"皇帝"。秦二世担心后世子孙无法称颂始皇帝的"成功盛德"，于是大臣们就请求刻诏书，来证明这些刻石所标榜的是始皇帝的功绩。这些举动虽然隐藏着在政治上强调统治延续合法性的意图，但客观上确实认定了始皇帝刻石的真实性。

这七处刻石现仅《泰山刻石》《琅琊刻石》文字稍有残存，是秦代小篆的代表作，世传为李斯所书。"刻诸名山，碑玺铜人，并斯之笔。"而《峄山刻石》《会稽刻石》早已毁灭，仅宋人留有复刻本。

《泰山刻石》，又称《封泰山碑》，刻于秦始皇二十八年（前219年）。《泰山刻石》四面刻字，三面刻秦始皇颂赞文，歌颂他统一中国的功绩，申明法令以及对后代子嗣的告诫，一面刻秦二世诏书及从臣名字。此石原立于泰山顶玉女池旁，后毁失。1000多年后，明嘉靖年间（1522 ~ 1566年）发现残石，共得4行29字，移入碧霞元君祠。又过了两百余年，清代乾隆年间（1736 ~ 1795年）遭火灾，刻石下落不明。清嘉庆年间（1796 ~ 1820年），蒋因培等人在玉女池旁寻访到碎石二片，共10字，一片存1行4字，即"斯臣去病"，另一片存3行，每行2字，即"昧死""臣请""矣臣"。这两片碎石后移置山下岱庙，到清宣统年间（1909 ~ 1912年）尚存9字。

《泰山刻石》原石在历史上时隐时现，但由于碑拓技术，现在尚能看到几种拓本，最早的拓本是明代无锡安国所藏的北宋拓本二本，一本存165字，一本存53字。而我们现在最常见的是29字拓本、10字拓本。时间见证着原石上的文字渐渐残毁，拓本保留着不同时期残毁的形态。

《史记·秦始皇本纪》记录了《泰山刻石》的原文，使今天的我们得以知道历史消弭了刻石上的哪些字句，可以补全今传拓本的缺字。宋代摹刻的《泰山刻石》更接近秦代刻石的原貌。《泰山刻石》传世最早的摹刻本是宋代丛帖《绛帖》中所收的残本，存146字。

《泰山刻石》是秦代小篆的代表作之一，小篆字形，线条圆畅均匀，结构统一，字形长方，富有庄严典雅之美。

与《泰山刻石》刻于同一年的另有《琅琊刻石》。《琅琊刻石》也称《琅

× 《泰山刻石》拓本

邪台刻石》，因山东诸城东南的琅琊山山顶平整，故又名琅琊台。据《史记·秦始皇本纪》载，秦始皇南登琅琊，感到十分畅快，停留三个月，下诏建琅琊台，立石刻文，歌颂秦德，表达一统江山的丰功伟绩，强调了法律制度，重申了统一度量衡、统一文字的重要性。公元前209年，秦二世在秦始皇颂赞文之后补刻诏书及从臣建议。

清杨守敬在《评碑记》中称"自《泰山刻石》毁于火，《之罘刻石》沦于水，嬴秦之迹，惟此巍然。虽磨泐最甚，而古厚之气自在，信为无上神品。"此刻石书风由石鼓文一脉传承而来，用笔雄浑朴茂、圆畅流美，横画呈弧曲状态，与下垂及斜曲的笔画顾盼相应，结体平正端雅，曲折部分

（即弧形）比泰山刻石圆活。康有为在《广艺舟双楫》中说："秦分裁为整齐，形体增长，盖始变古矣。然《琅琊》秦书，茂密苍深，当为极则。"

《琅琊刻石》原石现藏于中国国家博物馆。当时四面刻字，共计497字，但三面已经无字，仅一面残存13行，约86字。主要是秦二世诏书及从臣建议。

其实，刻石至宋时已渐残缺，秦始皇颂诗已不复存在，只留有从臣姓名，二世诏书也从"具在"到"残缺"。苏轼作《书琅琊台篆后》追溯了《琅琊刻石》的来历与当时刻石的情况："秦始皇二十六年初并天下，二十八年亲巡东方海上，登琅琊台观日出，乐之往返，徙黔首三万家台下，刻石颂秦德焉。二世元年，复刻诏书具在。"其后，赵明诚在《金石录》中进一步记载了刻石上文字的留存，并回忆熙宁年间（1068~1077年）苏轼令人模拓此刻石之史实："秦琅琊台刻石，在今密州。其颂诗亡矣，独从臣姓名及二世书尚存，然亦残缺。熙宁中，苏翰林守密、令庐江文勋模拓刻石，即此碑也。"

距此两百余年后，《琅琊刻石》首先得到正式保护。明万历二十六年（1598年），诸城知县颜悦道在琅琊台上建海神庙，在庙院内立大碑座，对琅琊刻石进行修整，将尚存文字的刻石切下，嵌于碑上。

此后每过一百余年，《琅琊刻石》都出现过存亡危急。清代乾隆二十八年（1763年），刻石已有迸裂危险，诸城知县宫懋让"熔铁束之，得以不颓。"清道光年间（1821～1850年），铁束散断，知县毛澄筑亭复原。清光绪二十六年（1900年）碑亭坍，石刻又遭雷击而破碎，散失在荆棘中。

直至民国初年，诸城县（今山东诸城市）教育局长王景祥"奉省令保存古迹"，组织搜寻，将散落于荆棘中的零星断石，经两次收集运回，校对、黏合，"竟成完璧"。这实在是一件幸事！王景祥撰文《秦碑收集记》

✕ 《琅琊刻石》原碑

道："二千余年前古物，由破碎而完成，非有鬼神呵护，曷以致此，因详书颠末，以志欣幸。"

　　1938年，日寇侵占诸城。为保护琅琊刻石安全，诸城的文人志士曾先后转移收藏地点，与日寇周旋。从教育局古物保护所到文庙孔子牌位后，再到天齐庙、庙东道士房内、臧氏班经堂等地，后来干脆将刻石及王景祥撰文、孟昭鸿书写的《秦碑收集记》刻石，一并嵌于墙内。直至1949年重见天日，运抵济南，珍藏于后来建成的山东省博物馆。1959年，刻石被调往北京，调拨给中国博物馆，即现中国国家博物馆，定为国家一级文物。

PART 05
隶书：古今字体的转折

　　秦时，与小篆并用的字体还有隶书，相传为秦代程邈（秦朝书法家）所创，也有人认为隶书是由小篆的省易快写而形成的一种应急字体，是当时下级官吏书写公文时，为求简便快速，将小篆的字形变圆为方，变曲为直的结果。早期的秦隶，确实可以视为是小篆的草体，直接简易笔形，变篆书的圆转笔画为方折，笔画间也没有点画俯仰之势。到了汉隶，笔画已有"波折之势"，结构也渐趋工整，特别是在东汉时期（25~220年），隶书的写法进一步统一规范，形体扁方，"蚕头雁尾"的标志性笔画定型，被称为"八分书"，标志着"今文字体"的诞生。

　　隶书在汉代上升为主要通行字体。汉字从篆书变为隶书的过程称为"隶变"，这是文字发展史上的重要事件。布局上，隶书变小篆的长圆字形为方扁，小篆里某些上下结构的字，也随之变为左右并列结构。

　　隶变去掉了小篆在一定程度上所沿袭的汉字的象形性，使汉字形体进入越来越独立的语言符号系统。这一变化，带来了造字部件的调整，篆书中写法不同的造字部件在隶变后，往往批量"隶合"成较为简化的同形部件。隶书的出现，是汉字史上一次大简化的变革。

汉代时，汉字书写的主要物质载体为简牍（竹、木）与石（摩崖刻石与碑刻）。东汉时，刻碑风气极盛。刘勰在《文心雕龙》中说："后汉以来，碑碣云起。"碑刻是镌刻在平整的碑版上的文字。碑文刻于碑的正面（阳）；题名刻于碑的反面（阴）或碑的左右两面（侧）；标题刻于碑首（额）。传世的东汉碑刻达170余种，碑文绝大多数是隶书，是汉隶成熟期的主要标志。

《乙瑛碑》

《乙瑛碑》全称为《汉鲁相乙瑛请置孔庙百石卒史碑》，又称《百石卒史碑》《孔龢碑》。汉桓帝永兴元年（153年）六月刻，现存于山东曲阜孔庙，与《礼器碑》《史晨碑》并称为"孔庙三碑"。此碑高1.98米，宽0.915米。共18行，每行40字。碑文笔画粗细统一，间架结构扁方，布列均匀整饬，是汉隶完全成熟的代表作之一。此碑保存了东汉诏令、奏报文书的原始资料，具有较高的史料价值。

东汉桓帝元嘉三年（153年），孔子十九世孙孔麟廉向鲁相乙瑛提出申请，希望能够设置百石卒史一职，来专门掌管孔庙的礼器和春秋祭祀之事。乙瑛将此事上奏朝廷。但还没有等到皇帝的批复，乙瑛就已经离开相位了。《乙瑛碑》讲述的是接下来发生的事情。首先记载的是司徒吴雄和司空赵戒上书皇帝的奏折，他们将乙瑛的请奏旧事重提，皇帝下诏表示许可。接下来是一则回奏的公文，吴雄和赵戒上书洛阳宫，汇报诏书的落实情况，按其中规定的选人标准，新任鲁相平已遴选孔龢为"百石卒史"，因

× 汉《乙瑛碑》

此，《乙瑛碑》又称《鲁相平奉诏选补孔龢为孔庙百石卒史状》。《乙瑛碑》的第三部分是赞辞，赞颂前任鲁相乙瑛"功垂无穷"。

从《乙瑛碑》中，我们可以了解到辟除的具体执行方式，卒史的工作职能等。辟除（亦称"辟"、"辟召"），辟是征召，除是授官之意。这是汉代高级官员任用属官的制度。中央最高行政长官如三公，地方官如州牧、郡守，都可自行聘任僚属，然后向朝廷推荐，皇帝批准后，可执行任职。郡守"卒史"，一般处理日常行政事务，俸禄一般为100石，所以也称"百石卒史"。

《礼器碑》

《礼器碑》全称为《汉鲁相韩敕造孔庙礼器碑》，又称《修孔子庙器碑》《韩敕碑》，于汉桓帝永寿二年（156年）刻，现藏于山东曲阜孔庙。此碑高1.73米，宽0.785米，正文16行，每行36字，属于歌颂个人德行的德政碑。碑阳记述了汉代鲁郡的行政长官鲁相韩敕的事迹。他为孔子修饰宅庙，造立礼器，置办车舆，疏浚水道，为世人尊崇孔子提供合宜的祭祀场所；并且还免除了孔子舅家颜氏与孔子妻家亓官氏的徭役、兵役。碑阴及碑侧连续刻有造作礼器的捐资者姓名和所捐钱数。

《礼器碑》被推为隶书极则。明郭宗昌《金石史》、清王澍《虚舟题跋》、清杨守敬《评碑记》均有重点评价。"汉隶当以《孔庙礼器碑》为第一"，"自有分隶以来，莫有超妙如此碑者。"结体融紧密与开张于一体，笔道瘦劲，有轻重变化，富有弹性与韵律。"瘦劲如铁，变化若龙，一字一

× 汉《礼器碑》

奇，不可端倪。"整体风格端严而俊逸，凝整而疏宕。"以为清超却又遒劲，以为遒劲却又肃括"，"寓奇险于平正，寓疏秀于严密"。

《乙瑛碑》《礼器碑》的出现，标志着汉碑标准隶书的法度完全成熟。

《曹全碑》

《曹全碑》，全称《汉郃阳令曹全碑》或《汉郃阳令曹景完碑》，现藏于西安碑林博物馆。汉灵帝中平二年（185年）由王敞等人刻立，碑高2.53米，宽1.23米。碑阳20行，每行45字，记述曹全的家世、经历，歌颂他的功绩、品德；碑阴刊刻参与立碑者的身份、姓名。此碑以圆笔为主，结体

× 《曹全碑》

扁方，匀称舒展，波磔分明，是汉代碑刻中秀丽典雅风格的代表。

　　《曹全碑》由郃阳县属吏王敞、王毕等人集资，为颂扬时任郃阳县令曹全功德而立。曹氏家族为汉朝时期的西北望族，世代为官，活跃于政治权力中心。曹氏家族本不姓曹，其祖先可追溯至周武王的弟弟叔振铎，因封于曹国而以曹为姓。秦汉之际，先祖曹参辅佐刘邦一统天下，继萧何之后担任丞相。曹全一生，两次举孝廉为官，在汉朝的对外征伐、对内平定叛乱中，均立下赫赫战功；并有爱民之心、惠民之举。尤其关注弱势群体，"恤民之要，存慰高年，抚育鳏寡，以家钱籴米粟，赐癃盲。"体恤民众的急需，慰问年老之人，抚育鳏寡孤独。还以自家之钱买来米粮，赠送体弱多病和盲目之人。在曹全治下，"乡明治，惠沾渥。吏乐政，民给足。"

《曹全碑》于明万历初年（1573年）出土于陕西郃阳城外莘里村，经千余年，为汉石中磨损最少的一块碑刻。明末，大风折断树木压倒此碑，致使碑石断裂。1965年，此碑移藏西安碑林博物馆。

《张迁碑》

《张迁碑》，全称《汉故谷城长荡阴令张君表颂》，刻于东汉灵帝中平三年（186年），立碑于山东东平县，于明代出土，原石现存山东泰安岱庙。《张迁碑》碑阳正文15行，行42字；碑阴3列，上2列19行，下列3行碑文，是东汉隶书成熟时期的作品，用笔以方为主，朴茂、稳健，为汉碑中雄强一派的代表。

《张迁碑》记述了张迁的家世与经历，歌颂他的功德。张迁原为谷城长，后改任荡阴令。为追念故令张迁，谷城故吏韦萌等集资刻立此功德碑，所以前人又称此碑为"去思碑"。

张迁在担任谷城长时，社会秩序非常好，腊月行祭之日，张迁让囚徒放假回家，他们都能按时归来。因此，当张迁改任荡阴令，吏民奔走相告，送别者多如云涌。

《张迁碑》中张迁的家族谱系将历代张氏名人均列为张迁祖先，周宣王

✕ 东汉《张迁碑》

时代的张仲、汉高祖刘邦身边的谋士张良、汉文景之治期间的张释之、汉武帝时张骞等，而对张迁直系的祖、父等人并未记载，大概是由于张迁本人离任，细节无从查考的缘故。在资料匮乏的情况下，依靠历史典故来充实，因此行文叙事上不免笼统，遣词上有夸饰之嫌，但通篇句法整饬，流转畅达，颇擅文辞。

PART 06
草书：简捷快速的文字

汉字隶变后确立了字体间架结构的基本原则，形成了汉字稳定的方块字特征，此后汉字字体的演变进入到书写形式的探索阶段，创造了中国独有的艺术形式——书法。草书、楷书、行书即是这种探索的结果。

草书产生于汉代，是由隶书的草写演变而来的。在日常书写中，出于便捷的实用需要，在隶书的基础上作了结构减省、笔画连带的处理，这就是草书的由来。汉代的草书还带着明显的隶书痕迹，颇有章法规范，所以称为"章草"。

随后，草书在单字内部的探索更为精细化，逐渐着眼于字与字之间、行与行之间的整体布局，这也相应地形成了草书发展的第二、第三阶段，分别是"今草"与"狂草"。"今草"产生于汉末、魏晋时期，单字笔画更加连绵，字与字之间也不再保持独立性，而是出现了连带。"狂草"兴盛于唐代，书写更加自由、狂放，将线条运用与个人艺术表达联系在一起，把字的书写上升为审美层面。

章草：皇象《急就章》

　　章草直接承继篆隶体势，书写保持字字独立，但每个单字的用笔与结体作了细部调整，兼具圆转与方折，点画之间笔势萦带，灵活运作。《急就章》是章草的代表。

　　《急就章》，原名《急就篇》，"急就"类似"速成"的意思，西汉元帝时由黄门令史游编写，是一部儿童识字课本。识字意味着对所处世界的基本认知，《急就章》在内容上涉及姓名、衣服、饮食、器用、礼乐、职官等各方面，是一部精要的百科全书。从汉至唐的千余年时间里，《急就章》一直是社会上流传的主要识字教材，唐代以后，《急就篇》的主导蒙学教材地位才逐渐为《千字文》《百家姓》《三字经》所取代。因此，在没有复刻技术的情形下，《急就章》的抄写本就是教材流通的一种方式，而规范且精雅的抄写本也发挥着临书范本的功能。

　　据考证，从汉代到宋代，崔瑗、张芝、钟繇、索靖、卫夫人、王羲之、萧子云、崔浩、陆柬之、唐太宗等众多名人都写过章草体《急就章》，但除皇象写本之外，其他人写的《急就章》都没有流传下来。

　　皇象，三国时期吴国的大书法家，能写小篆，尤其擅长章草、八分书（隶书）。南朝梁袁昂在《古今书评》中评述皇象书法"如歌声绕梁，琴人舍徽"，意思是说他的书法韵味绵长，如歌声绕梁不绝，以至于琴人都被吸引，不弹琴了。皇象所书的《急就章》成为后世学习章草的优秀范本。

　　皇象写本《急就章》真迹早已不存，唐代留有摹本。北宋宣和二年（1120年），叶梦得根据摹本刻石，刻石成为新的复刻底本，因此有刻拓本流传。明代正统四年（1439年），吉水人杨政根据叶梦得刻拓本再进行刻石，称"杨刻急就章"，又因刻于松江，世称"松江本急就章"。当时原石

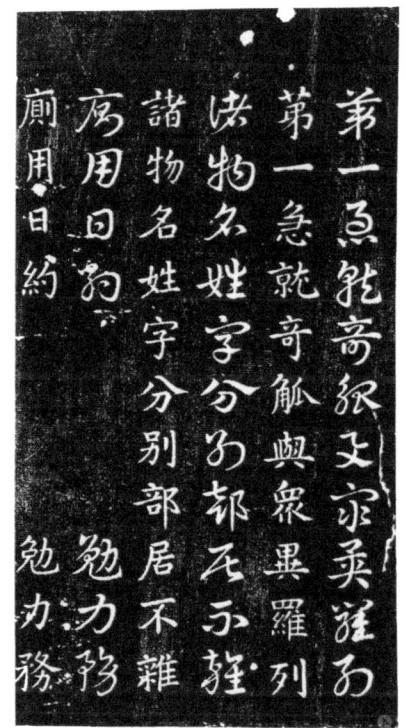

在松江府学，现藏于松江博物馆。此刻石有明拓本流传于今。

现今所见到的较佳明拓是启功先生所收藏的《松江本急就章》。在此拓本中，一行章草，一行楷书，两种字体并置。章草结体略扁，字字独立，笔画中横、捺、点画多作波磔，保留了隶书的意趣，但笔画线条已有运笔粗细之别、行笔缓急变化，简约而凝重，含蓄而痛快。

狂草：颠张狂素

张旭（685？～759？年），字伯高，一字季明，吴郡（今苏州）人。张旭官至金吾长史，世称"张长史"。颜真卿曾作《述张长史笔法十二意》，通过一问一答的形式，来记录张旭所传授的用笔之法。张旭工正楷，尤精草书，被誉为"草圣"。唐玄宗时代，张旭的字、李白的诗、裴旻的剑并称"三绝"。

张旭为书写行为赋予了艺术创造的魅力，他体察到了书写与音乐、诗歌、舞蹈、绘画之间的内在联系，通过借鉴这些艺术门类的创作方法，来丰富和提升他的书法艺术。

杜甫在《观公孙大娘弟子舞剑器行》的诗序中记载："昔者吴人张旭，善草书帖，数常于邺县见公孙大娘舞西河剑器，自此草书长进，豪荡感激。"即张旭观公孙大娘舞剑，体会用笔之道。

杜甫诗追忆的公孙大娘舞剑场景，"㸌如羿射九日落，矫如群帝骖龙翔。来如雷霆收震怒，罢如江海凝清光。"公孙手持剑器或旋转或滚翻，耀眼的剑光在空中嗖嗖乍现，恍如后羿射日，九个太阳纷纷下落，目不暇接。她身形矫健，翩翩轻举，腾空挪移，若隐若现，恰如天神驾着游龙在

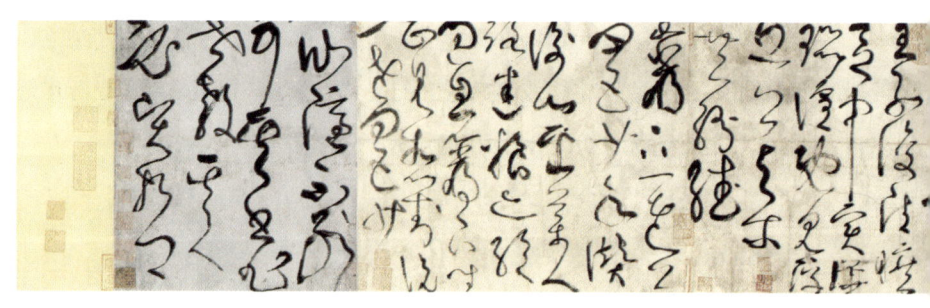

✕ 唐·张旭《古诗四帖》

天上翱翔，轻盈而有力度。舞蹈将近尾声，公孙大娘的声势渐敛，雷霆万钧，渐入止息。舞蹈结束后，场内外肃静，精神上忽然开阔起来，似见江海无风，水光明澈。

张旭把公孙舞剑在空间里施展的无形线条、动态气势，转化为纸面上的真实行笔，在轻疾徐缓中变化多端，或迂回流连，或潇洒磊落，但见上下贯通，浑然一体，最终形成张旭"狂草"的独特面目。

张旭从公孙大娘舞剑中获得启发，创设了个人化风格极强的狂草形式。唐代韩愈在《送高闲上人序》中说，天地自然的种种变化"山水崖谷，鸟兽虫鱼，草木之花实，日月列星，风雨水火，雷霆霹雳，歌舞战斗"和人生在世的种种感受"喜怒窘穷，忧悲、愉佚、怨恨、思慕、酣醉、无聊、不平"，张旭统统将其变幻为笔下的狂草，得于心应于手，"一寓于书""必于草书焉发之"。这也是唐代张怀瓘在《书议》中所表达的"囊括万殊，裁成一相。"

杜甫《饮中八仙歌》写道："张旭三杯草圣传，脱帽露顶王公前，挥毫落纸如云烟。"张旭生性嗜酒，大醉后呼叫狂走，落笔成书，有时竟以头发濡墨书写，人们称他为"张颠"。他在点画之间寄予自己全部的生命情调与

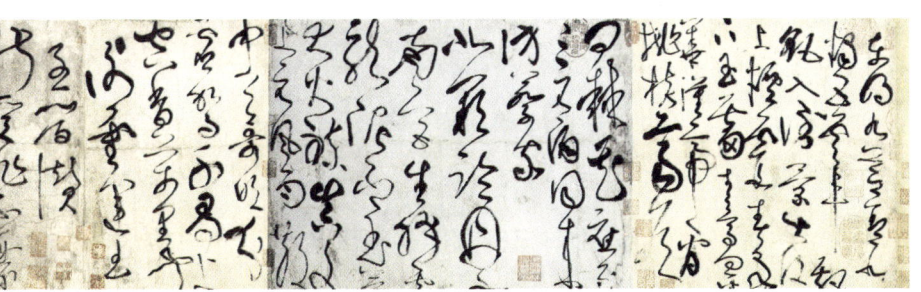

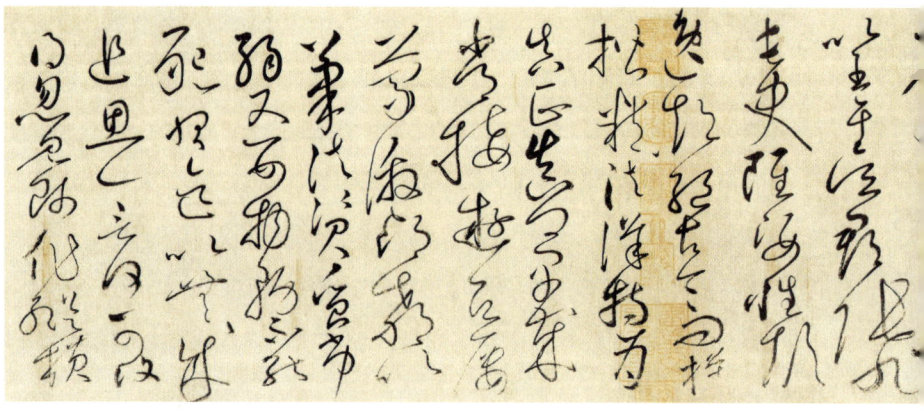

创造力，"变动犹鬼神，不可端倪"，旁若无人，如癫如狂。张旭传世的草书作品有《肚痛帖》《千字文》《古诗四帖》等。

怀素（约737~799？年），俗姓钱，字藏真，永州零陵人。他自幼出家为僧，书法造诣高，时人将怀素与张旭并称为"颠张狂素"。"昔张旭之作也，时人谓之张颠，今怀素之为也，余实谓之狂僧。以狂继颠，谁曰不可。"怀素与张旭共同分享草书的至高地位，北宋黄庭坚称："怀素草书，暮年乃不减长史，盖张妙于肥，藏真妙于瘦，此两人者，一代草书之冠冕也。"

怀素在《自叙帖》中介绍了自己的身世、求教书法的经历以及时人对怀素其人与狂草的评价。《自叙帖》开篇叙述了他学习书法的一个重要转折，就是从故乡永州走出去，到长安、洛阳等地游历，谒见名师，目睹古代书法珍品。

怀素的书法得到了当时许多书法家、诗人及名流公卿的激赏，其中，颜真卿对他的总体评价是，"僧中之英，气概通疏，性灵豁畅，精心草圣。"

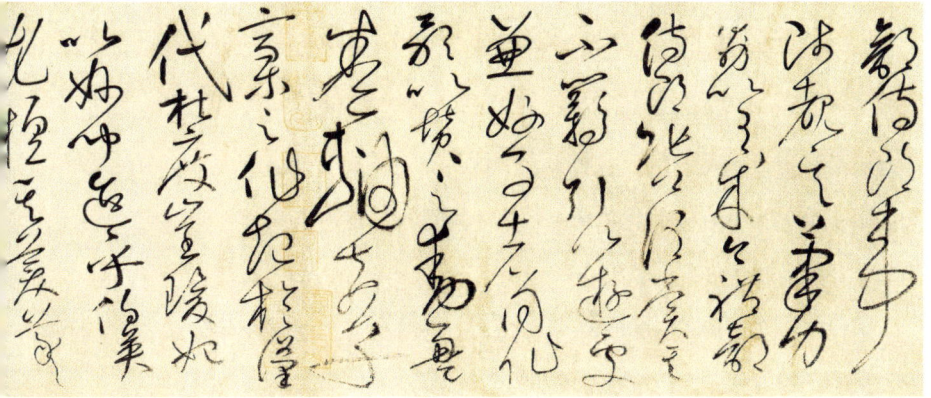

认为他"纵横不群，迅疾骇人。"笔势纵横张扬，卓尔不群，运笔迅疾刚劲。而且，颜真卿将怀素放在自汉以来草书发展的脉络中来定位，甚至设想，如果张旭还在世的话，没有比怀素更适合做他的弟子的人了。

书法作为视觉艺术作品，表现最突出的就是它的"形"，颂扬的文字多取用自然界的现象与物象来进行类比，人们在怀素的书法中发现了一个生机勃勃的天地，奔蛇走虺之势，骤雨旋风之声，轻烟绕古松之澹，山开万仞峰之险，雷霆闪电之惧，蟠龙游走之畏，全部涵括。寒猿撼动枯藤来饮水，轻盈而具古意；壮士伸展劲铁拔起大山，有力而见从容。

怀素书写速度极快，富有创作激情，常常在长廊数十面白壁上，瞬间挥就千万余字。下笔迅疾，如骏马奔腾，观者的眼神完全跟不上。

怀素的草书风格可谓"奇"，常常"醉来信手"而为，没有定法，却奇而不怪，反而合宜。每当被问及创作的奥妙之时，他也无法作答，最后借用自己的叔父钱起（唐天宝十年，即751年进士，是"大历十才子"之一，且被誉为"大历十才子之冠"，善五言，其诗清空闲雅，流丽纤秀，尤长于写景）的话说，可能是在酒醉之中，领会到了日常状态难以获得的真知灼见。

唐代陆羽（约733~约804年）在《释怀素与颜真卿论草书》中记录，颜真卿问怀素的创作心得，怀素提到了他是从大自然中学习来的：变幻莫测如夏天的云，奇峰骤起；迅疾痛快像飞鸟出林、惊蛇入草；自然而然则像墙壁开裂的纹路。

宋代朱长文（1039~1098年）则在《续书断》记载了怀素早年苦练的工夫，写废了很多笔，他将这些笔埋葬为"笔冢"，并作祭文纪念。

勤学苦练、远行拜师、研习前人遗迹、师法自然，再加上自己不拘的个性，怀素终成为与张旭并称的狂草大家。

PART 07

楷书：可作楷模的文字

楷书是继汉隶之后出现的新的书体，其特征是字形方正、横平竖直、一点一画、一笔不苟。按照字形的大小，楷书分为大楷、中楷、小楷。汉代没有楷书的遗迹。现在能见到的最早楷书，首推三国时期魏国钟繇（151~230年）的《宣示表》《力命表》《贺捷表》《荐关内侯季直表》等，都是小楷。

东晋时期，政治上形成南北对立的格局，楷书也表现出南北不同的特点。南派以王羲之、王献之、王僧度、智永和尚等为代表，北派以索靖、卢谌、高遵等为代表。南派长于书牍，以纸或丝织品为载体，篇幅较小，这就是"帖"；北派则长碑刻，承汉隶遗法，古拙朴茂，常见的有河南洛阳龙门石窟的《龙门二十品》、山东披县云峰诸山《北魏郑道昭摩崖刻石》《北魏张猛龙清颂碑》等，碑刻数量多，延续时间长，占据重要地位，后人称为"魏碑体"。

楷书到唐代达到顶峰，唐初的虞世南、欧阳询、褚遂良，中唐的颜真卿，晚唐的柳公权，其楷书作品均为后世所重，奉为习字的模范。楷书也成为汉字的最后定型，一直沿用到今天。

钟繇《宣示表》

《宣示表》为钟繇诸帖之冠，是钟繇直接影响王羲之，开南派书风的奠基之作。

公元220年，曹丕逼迫汉献帝禅让，建立曹魏，正式取代汉王朝，东汉灭亡。刘备自称是汉室的延续，221年于成都称帝，以蜀地为根据地建立政权，复兴国号汉。刘备称帝3个月后，以替名将关羽报仇为由，兴兵伐吴。孙权求和不成，又深恐曹魏乘机进攻，于是决定向曹魏求和、上表称臣，目的是避免两线作战，集中迎战刘备。曹丕向大臣们征询意见，钟繇的《宣示表》就是在这一背景下创作的。孙权的用意很明显，因此当时魏朝中的主流意见是"拒和"："因难求臣，必难信也。彼必外迫内困，然后有发此使耳，可因其穷，袭而取之。"钟繇在《宣示表》中从诚信的角度进行论证，联系以往的经验，给出了一份参考意见，"其所求者，不可不许。"曹丕最后采纳了钟繇方面所代表的意见，答应了孙权的归附，封其为吴王，并给予分封诸侯的最高礼遇，赐予九种器物。

《宣示表》的用笔沉着，结体端庄，在点、横、撇、捺方面均有法则。点的写法丰富多变，甚至以点解构并替代其他笔画，如"亦"字的下边写成四个点，"疏"字右下写成三个点，"得"字左边写成三个点。横画露锋下笔如笋尖，末了收回如蚕头；撇画由粗到细，略带弧度；捺画由轻而重，末了出锋，形成一个钝角三角形。

此后近百年里，《宣示表》都被保存了下来，也见证了各色政权兴衰更替。当时孙权名义上依附于曹魏，并受封吴王。魏黄龙元年（229年），孙权在武昌（今湖北鄂州）称帝，正式建国，国号为"吴"。这就形成了曹魏、蜀汉、孙吴三国鼎立的局面。263年，曹魏灭蜀。266年，司马炎篡魏，

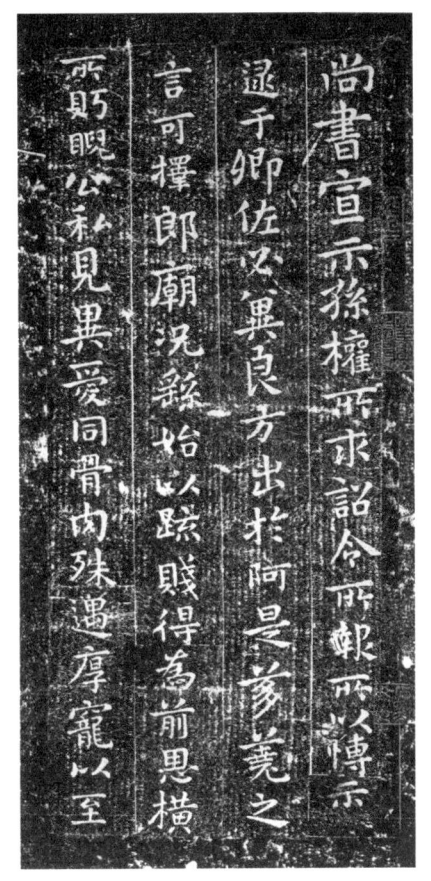

建立政权，立国号为晋，史称西晋。

　　钟繇的《宣示表》墨迹流传到"琅琊王氏"王导家，据南齐王僧虔在《论书》中记载，"丧乱狼狈"之际，王导"犹以钟繇《尚书宣示帖》藏衣带中"。来到江南后，王导将钟繇真迹送给王羲之研习。后来，王羲之把《宣示表》借给好友王修。王修24岁去世，他母亲深知儿子平生所爱，就把《宣示表》放到王修棺中陪葬，从此《宣示表》真迹从人间消失了。

现存《宣示表》只有刻本，一般认为是据王羲之临本所摹刻。宋时，为汇集以往各代各家所流传下来的书法墨迹，人们将墨迹经双钩描摹，刻在石板或木板上，形成刻版，经拓印拓成墨本并装裱成卷或册，供保存、流传，作为学习的示范，这就是"法帖"。中国最早的一部汇集各家书法墨迹的法帖就是《淳化阁帖》。《宣示表》见于宋《淳化阁帖》，共18行。后世多有翻刻，以宋刻宋拓木为佳。

智永和尚《千字文》

《千字文》是一部蒙学识字课本，由1000个无一重复的单字组成。这1000个字起初只是文字材料，由梁武帝（464~549年）命殷铁石从王羲之的书法墨迹中选拓出来，每字一片纸，字字孤立，本身并无联系，没有编选顺序。梁武帝召来大臣周兴嗣说："你才思敏捷，可用这1000个字给我编一篇韵文出来。"周兴嗣苦思冥想了一整夜，终于将这1000字联串成一篇内涵丰富的四言韵书，这就是《次韵王羲之书千字》，也就是《千字文》流传的形态。

《千字文》结构整饬，对仗工整，谐韵流畅，很适于儿童诵读；又囊括了天文、地理、博物、社会、历史、伦理、教育等包罗万象的知识，适宜作蒙学教育。

《千字文》体现了中国人朴素的宇宙观与儒家修齐治平的人生观，可以视为儿童认识世界和塑造自我的通识教育基础读本。它从天地开辟讲起，讲天地运作：日月、星辰、云雨、霜雾和四时寒暑的变化；讲天地孕育万物：金玉、铁器（剑）、珍宝、果品、菜蔬，以及江河湖海、飞鸟游鱼；讲人参与到天地造化之中，人和时代的变迁，以及人在世间需要从哪些方面磨炼自己，如何处理自己和父母、自己和国家之间的关系，如何过好完满的一生。

在印刷术尚未发明之前，口诵与传抄是文章书籍传播的主要形式。《千字文》句式整齐、韵脚绵密，读来朗朗上口，有利于口头传诵与记忆。由于《千字文》好记，后世也发挥了编号功能。宋代真宗时编成《道藏》，也叫《大宋天宫道藏》，其中"天""宫"是起止编号。4359卷的《道藏》，分装在425函中，起于"天地玄黄"的"天"字，终于"宫殿盘郁"的"宫"字。明清时期，科举考试的贡院，考试的号房也用《千字文》来编号。

另外，《千字文》的文字材料源于王羲之书法作品，在《千字文》文本诞生之初，就已经建立了传抄书写的经典范式，为后来《千字文》的传抄流传奠定了天然基础。因此，《千字文》成为历代各流派书法家进行书法创作的重要载体。隋唐以后，凡著名书法家均有不同书体的《千字文》作品传世，如唐代怀素、宋徽宗赵佶、元代赵孟頫、明代祝允明和文徵明、清代傅山和王铎等，这些风格各异的作品流传，大大促进了《千字文》在民间的传播，其中，隋朝人智永和尚所写的《真草千字文》堪为典范。

北宋徽宗宣和年间（1119～1125年），官方主持编撰的宫廷所藏书法作品的书法书目《宣和书谱》中，对智永的身世、学书的过程进行了整理，评价其"学书以羲之为师法，笔力纵横，真草兼备，绰有祖风。"

北宋末年，词人叶梦得（1077～1148年）在《避暑录话》说，"智永书全守逸少家法，一画不敢小出入，《千文》之外见于世者亦无他书，相传有八百本。"他亲见过智永千字文真迹，认为"智永真迹深稳精远"，而对比流传的石刻本，觉得"用笔太碍"。

至明代，智永其人被奉为"宗匠"，书法被誉为"天下法书第一"。明代三大才子（解缙、徐渭、杨慎）之一的解缙（1369～1415年）在《春雨杂述·评书》中评价智永的书法："自羲、献而下。世无善书者，惟智永能痼寐家法，书学中兴，至唐而盛。"明代金石学家、藏书家都穆（1458—1525）《寓意编》说，"智永真草千文真迹，气韵飞动，优入神品，为天下法书第一。"

智永继承王羲之真、草、行之书法，采用真（楷书）、草两种书体书写《千字文》，一行楷书，一行草书，两种书体字字对应，间隔出现。苏轼在《东坡题跋》中将智永禅师的字比作陶渊明的诗，初看"疏淡"，实则有"奇趣"："永禅师书，骨气深稳，体兼众妙，精能之至，返造疏淡。如观陶彭泽诗，初若散缓不收，反复不已，乃识其奇趣。"

智永能够深得王羲之的"家法"，和智永的身份、志向息息相关。智永出家前，俗姓王，名法极，是王羲之第七世孙。当时梁武帝命周兴嗣做《千字文》之后，又治令书法家萧子云写一册《千字文》。这是一项大工程。于是，萧子云挑选了正在京城太学就读的王法极做他的助手，王法极因此得以进入内府的藏书阁，目睹先祖王羲之的真迹，触动极大，立誓继承发扬王家书法。

为了精修书法，王法极与弟弟王孝宾剃度为僧，王法极得法名智永，其弟得法名智欣，入同泰寺学习佛法，誓与世俗生活隔绝。537年，智永和智欣返回老家会稽。两人将王家老宅进行修葺，改作寺院，名嘉祥寺。梁武帝为了嘉奖兄弟二人的选择，从他们的法号中各取一字，颁赐"永欣寺"匾额。

智永在永欣寺潜心研习书法，用功极勤，"所用笔，退即投大瓮中，岁

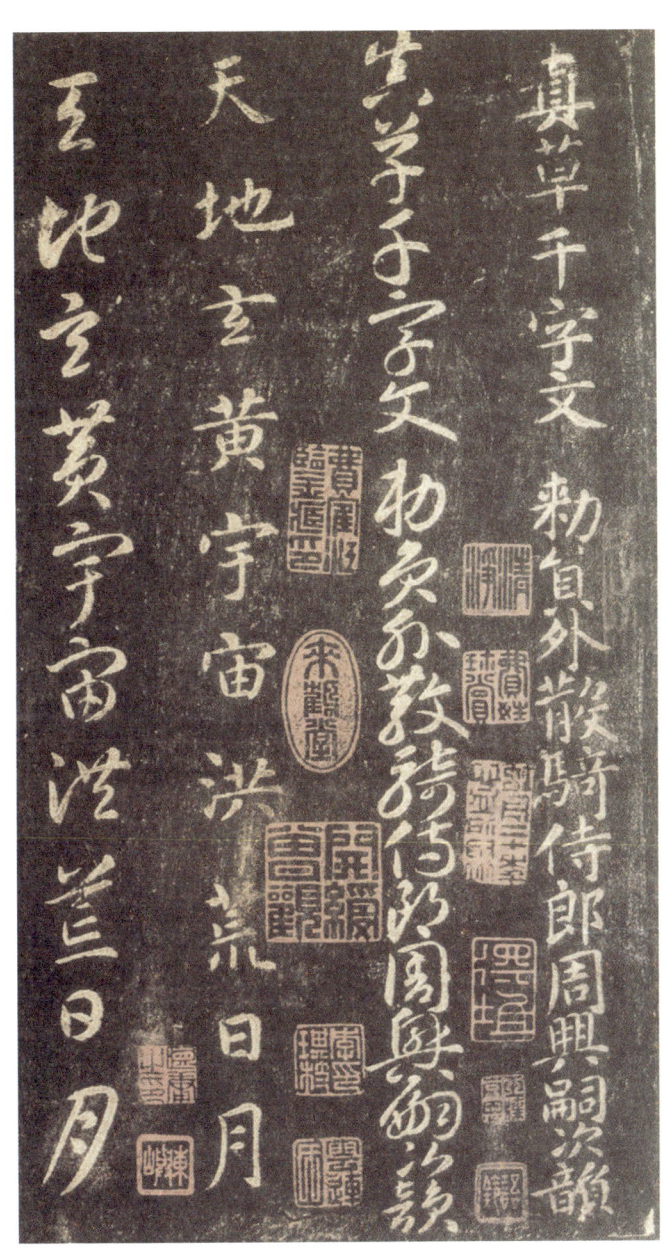

× 隋·智永和尚《真草千字文》

久辄贮数瓮，自为铭以瘗之。"写秃了的笔投至瓮中，时间一长，都攒了数瓮，后来，智永把这些毛笔埋在一起，并自撰铭词，称"退笔冢"。

经过数十年的努力，智永的书法果然大成。他用真、草两种书体手书《千字文》800多本，分送给浙东各寺庙，备受时人推崇。向智永求书的人络绎不绝，门槛都被踏破，只好用铁皮包裹起来，于是又成就了书坛上的另一则佳话——铁门槛。而他们带来的书写材料，白绢、纸张等，更是堆满了几案，写都写不过来，时间久了，积压在一起，都生了灰尘。

智永《真草千字文》虽然有800多本，但传世至今的只有两本，其中日本人小川为次郎所藏《真草千字文》墨迹本是智永的书法真迹，也是智永流传至今的唯一的一本《千字文》真迹；另外一份则是保存于陕西西安碑林博物馆的北宋大观三年（1109年）石刻本。

欧阳询《九成宫醴泉铭》

581年，隋统一中国后，楷书也出现南北融合的趋势。唐代楷书发展成熟，结构严谨，法度严格，唐初欧阳询的《九成宫醴泉铭》，笔画皆有规范，庄严稳重。

九成宫遗址在陕西麟游县西五里天台山，这里本是隋朝时所建的一处行宫，包括大宝殿、丹霄殿、咸亨殿、御容殿、排云殿、梳妆楼等，供隋文帝杨坚避暑，名为仁寿宫。据《隋书·食货志》记载，建设过程中，因"役使严急"，"死者以万数"，或者就地掩埋，或者焚烧，所以，行宫投入使用时，甚至能看到"宫外磷火弥漫"。

唐贞观五年（631年），太宗李世民对仁寿宫加以维修，改名九成宫。九成宫有池塘水沼，但其水全部引自山涧，没有自有水源。632年四月，唐太宗于九成宫避暑，信步游览，在西城北面高阁之下，俯身查看泥土，发现土质湿润，便用手杖疏凿，有泉水随之涌出，味道甘甜。醴泉的出现，非同寻常，常被视为上天对君主德政的嘉奖，是国家盛大美好的征兆，《礼纬》《鹖冠子》《瑞应图》《东观汉记》均有记载。因此，太宗命魏徵撰文记录，又命欧阳询书丹勒石，于是有了《九成宫醴泉铭》碑刻。

　　《九成宫醴泉铭》包括序文和铭文两部分，序文记事，文体为骈散结合；铭文文体为四言韵语，八句一韵，以歌颂皇帝"绝后光前"的文治武功，"居高思坠"的忧患意识和励精图治的精神。

　　序文在讲述唐太宗发现醴泉的过程中，暗示这是唐太宗选择德政的结果。为了彰显唐太宗的德行，序文从唐太宗在九成宫避暑写起，追溯九成宫历史，原本隋代的仁寿宫穷极华奢，劳民伤财；然后追忆唐太宗李世民的丰功伟绩，"始以武功壹海内，终以文德怀远人"，为此"忧劳成疾"，虽有针灸调理，仍旧气血不舒。这样就引出改造修缮仁寿宫之事。皇帝拒绝群臣修建离宫的建议，而沿用隋代旧宫——仁寿宫，削去华丽的装饰，修葺坍塌之处，用简单材料弥补屋顶、墙壁、台阶的缺损，变奢华为简朴。最后醴泉涌出，借天地运作的"神来之物"与人世之事之间的比附，表明唐代吸取隋代奢侈误国的历史教训，进而印证唐太宗政治统治的合法性。

　　《九成宫醴泉铭》是欧阳询75岁时的应诏之作，在技法特征上表现为汉隶笔画与魏晋楷书结构之融合，在美学上既有北方碑刻的峻利之势，又有南方帖书的秀雅之韵。这和欧阳询擅长多种书体有关，也离不开他对碑、帖的深度钻研。

　　据宋代类书《太平御览》卷589引《国朝传记》记载，有一次，欧阳

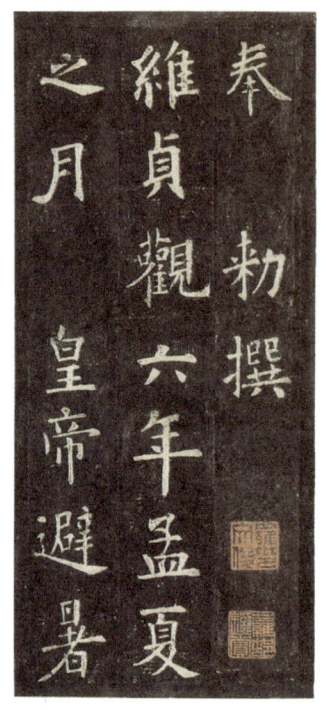

× 唐·欧阳询《九成宫醴泉铭》

询外出发现晋书法家索靖的碑刻，反复观摩，不忍离去，从"驻马观之"到"下马伫立"，累了就铺上毯子坐着继续看，困了就在碑旁过夜，最后逗留三日才离开。

又据宋代僧人适之所撰写的书法杂著《金壶记》记载，有一次，欧阳询见到一本王羲之教王献之书法的教材《指归图》，便用三百匹细绢购得，回到家里研习赏玩，一整月都高兴得睡不着觉。

由于年代久远而碑石风化，《九成宫醴泉铭》原碑碑座已经破损，碑首与碑身存于陕西麟游县博物馆。目前，后人所能见到的《九成宫醴泉铭》最早拓本为宋拓本。

PART 08

行书：亦楷亦草的文字

　　楷书端正，宜于郑重场合，而书写不够快捷；草书潦草，宜于艺术表现，而不易识读。因此，汉字又产生了一种新字体——行书，在书写速度和辨识度之间求得了平衡。

　　行书由楷书快写演变而来，在快写的过程中，将楷书的笔画作了一定的省略，笔画与笔画之间进行了连笔牵丝，这样既保留了楷书的基本结构、点画和体势，为一般人所认识和接受；又含有草书省略和使转的笔调，将笔画间进行了有机联系，从起笔开始，减少了再另起笔的次数，节省了书写时间，加强了笔势的流动速度，在日常生活中具有明显的实用性。行书自产生以后，就成为人们日常书写中最常用的一种字体。唐张怀瓘在《书断》中说："行书即正书之小伪，务从简易，相间流行，故谓之行书。"明末清初，宋曹（1620～1701年）在《书法约言》中说："所谓行者，即真书之少纵略。后简易相间而行，如云行水流，秾纤间出，非真非草，离方遁圆，乃楷隶之捷也。"

　　篆、隶、真、草各种书体，都有各自的规则，行书因其"非真非草"，或者说综合了楷书和草书的特征，在楷草间存在着一定的自由发挥的空间，偏于草法的称作"行草"，偏于楷法的称作"行楷"。唐代张怀瓘在

《书议》中说："夫行书，非草非真，离方遁圆，在乎季孟之间。兼真者谓之真行，带草者谓之行草。"宋《宣和书谱》则从楷、草的美学品格上来界定行书的特性，介乎"拘"与"放"之间，调和拘谨与放纵，"自隶法扫地，而真几于拘，草几于放，介乎两间者行书有焉，于是兼真则谓之真行，兼草则谓之行草。"

可见，行书笔画和结构富有弹性，可塑性大，拥有一定的"创作"空间，行书艺术价值与实用价值并重，超过其他书体。所以，正如苏轼所言，"自古以来工书者大多善行书。"通过行书，人们可以更自由地表达自己的思想情感与审美情趣，而又不失其实用性。被誉为"天下三大行书"的三部作品写作之初都出于实用性的需求，《兰亭集序》是王羲之为诗集作序，《祭侄文稿》是颜真卿为侄儿写祭文，《寒食帖》是苏轼际遇感怀而作的两首五言诗；同时书写形式又与内容密切结合，表现了各具特色的艺术风格，《兰亭集序》是雅士文人的斯文潇洒，《祭侄文稿》是至圣贤达的壮怀激烈，《黄州寒食诗帖》是学士才子的磊落修炼。

《兰亭集序》

《兰亭集序》是王羲之为一部诗集所写的序言手稿。诗集来自一次雅集现场的即兴创作，每人作诗，最后结集。由于聚会之地设在会稽山阴的兰亭（今绍兴城外的兰渚山下），所以称为《兰亭集序》。

东晋穆帝永和九年（353年）阴历三月初三，王羲之召集谢安、孙绰等名流高士举行风雅集会，进行临水而祭、以拔除不详的"修禊"活动。人们列坐于渠水两侧，曲水流觞，酒杯停在谁的面前，即饮酒赋诗："清流激湍，映带左右，引以为流觞曲水。列坐其次，虽无丝竹管弦之盛，一觞一咏，亦足以畅叙幽情。"诗篇汇总，抄录成集。序中，王羲之记述了当时的盛况："仰观宇宙之大，俯察品类之盛，所以游目骋怀，足以极视听之娱，信可乐也。"由山水之美与人世之乐而引出对人生短暂的喟叹："修短随化，终期于尽。"体会到在世事变迁中感时兴怀是人类的普遍状态："虽世殊事异，所以兴怀，其致一也。"因此，列出与会者的姓名，录下他们的诗篇，以求后世人的同感："后之览者，亦将有感于斯文。"《兰亭集序》像是写给未来人的一封信，想和未来的人一起分享在世的感受，试图突破此生的局限，让不同世代的人可以隔着时空交流，传递信息，心有灵犀。

晋人这种"风神潇洒""不滞于物"的状态，与行书的自由书写形式可谓"心手相应"。宗白华在《论＜世说新语＞和晋人的美》中对行书作了精彩的论述："无法而有法，全在于下笔时点画自如，一点一拂皆有情趣，从头至尾，一气呵成，如天马行空，游行自在。又如庖丁之中肯綮，神行于虚。"《兰亭集序》全篇28行，324字，一气贯注，极尽变化之妙。其中20个"之"字，7个"不"字，姿态各异，均具个性。

《兰亭集序》作为王氏的家传法书，传至第七世孙智永。智永将《兰亭集序》藏于永欣寺临书之阁。智永去世后，《兰亭集序》由弟子辩才收藏，保管在寝房房梁上开凿的暗洞内。后来，唐太宗派监察御史萧翼与辩才接近，骗取辩才的信任，趁其不备窃走了《兰亭集序》真迹，随后取绢三千匹、粮三千石赠予寺庙。唐初画家阎立本曾绘制《萧翼赚兰亭图》，描述的即是此事。

唐太宗得到《兰亭集序》后，一方面命人临摹、拓印多个"副本"，赐给皇太子诸王，一方面个人赏玩真迹爱不释手，死后则将《兰亭集序》陪

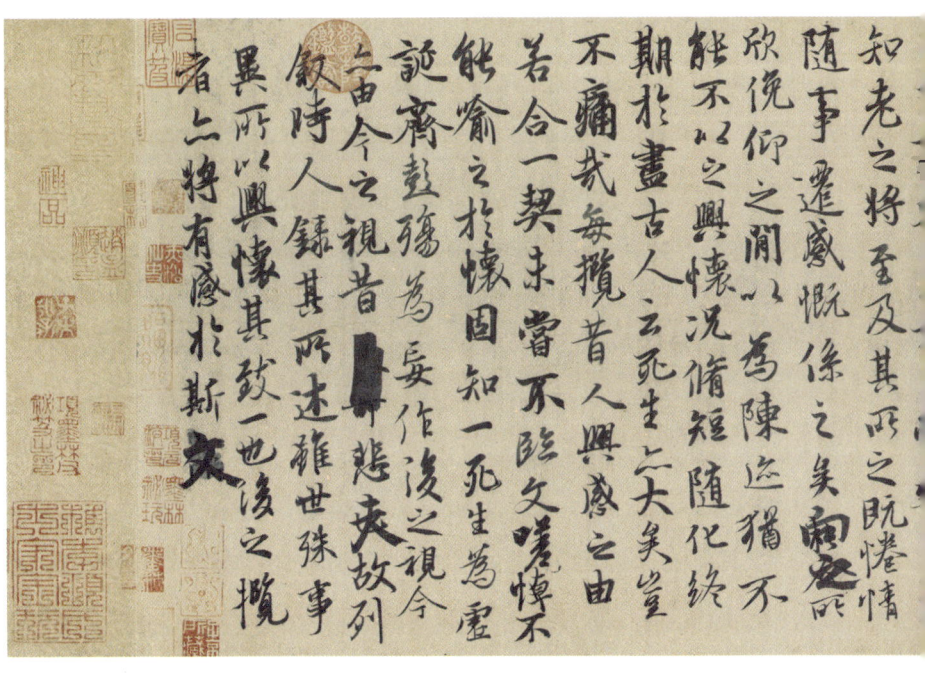

× 东晋·王羲之《兰亭集序》摹本

葬昭陵，真迹失传。苏东坡有诗"兰亭茧纸入昭陵，世间遗迹犹龙腾。"
（《孙莘老求墨妙亭诗》）

　　《兰亭集序》现在能见到的唐人摹本中，最接近原作的是冯承素摹本。
这一摹本是通过"响搨"方式完成的，具体操作是，把纸、绢覆在墨迹
上，向光照明，分作两步进行，先"双钩"：沿字的笔迹两边用细劲的墨线
钩出轮廓；再"双钩廓填"，双钩后填墨，这样，就把原作依样临摹下来
了。因此，冯承素摹本，也称"响搨本"（"响拓本"）。这一摹本因钤有唐中
宗"神龙"小印，所以又称"神龙本"，现藏于北京故宫博物院。

永和九年，歲在癸丑，暮春之初，會于會稽山陰之蘭亭，修禊事也。群賢畢至，少長咸集。此地有崇山峻領，茂林修竹，又有清流激湍，映帶左右，引以為流觴曲水，列坐其次。雖無絲竹管弦之盛，一觴一詠，亦足以暢敘幽情。是日也，天朗氣清，惠風和暢，仰觀宇宙之大，俯察品類之盛，所以遊目騁懷，足以極視聽之娛，信可樂也。夫人之相與俯仰一世，或取諸懷抱，悟言一室之內

《祭侄文稿》

《祭侄文稿》是颜真卿著名的行书作品，纵28.2厘米，横75.5厘米，23行，234字。这是颜真卿为侄子颜季明而作的祭文稿。

唐玄宗天宝十四年（755年），安禄山、史思明谋反，"安史之乱"爆发，多数郡县在叛军面前纷纷瓦解。颜真卿为平原太守，堂兄颜杲卿为常州太守，固守城池，积极讨伐叛军，二人联络拟定以掎角之势，来阻厄叛军的进逼。然而，在颜杲卿控制土门要塞之后，因太原节度使王承业欲图抢占功劳，颜杲卿的报捷表奏被截留，援军并未到来。次年正月，叛军回兵攻打常州时，颜杲卿求援于王承业，王承业又按兵不动，致使常州失

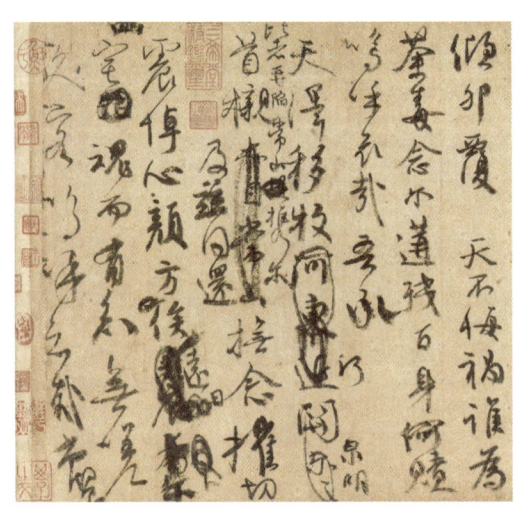

✕ 唐·颜真卿《祭侄文稿》

陷。颜杲卿、颜季明父子被俘，颜季明被砍头，颜杲卿被肢解，颜氏一门
30余口被害。

　　唐肃宗乾元元年（758年）五月，颜真卿出任蒲州刺史，派颜杲卿的长
子颜泉明到常山、洛阳寻找颜杲卿、颜季明的遗骸，最后只得到季明的头
颅和杲卿部分尸骨，本应葬于祖籍山东，在当时却只能暂时葬于长安凤栖
原，并举行祭奠仪式。颜真卿追思悼念，悲愤交加，情感激荡笔墨，一气
呵成，写下了这篇《祭侄文稿》。

　　"注思为文"，所以"纵笔豪放，一泻千里，时出遒劲，杂以流丽，或
如篆籀，或若镌刻，其妙解处，殆出天造。"从《祭侄文稿》的笔墨形式
即可判断不同的情感状态。开头在叙述个人身份和颂扬季明生前情形时，
含庄重、沉郁之气，因此结字规矩、圆浑；及至字形忽大忽小，速度时滞
时疾，涂改之处不断增多，可见其怒斥"贼臣不救"的愤恨之心，痛感
"父陷子死""巢倾卵覆"的不能自已之态。最后二行"魂而有知，无嗟久

客。呜呼哀哉，尚飨。"颜真卿状态平复，字迹稳定下来，信笔而书，仿佛如见侄儿之面：你的灵魂如果有知的话，请不要埋怨在这里长久做客了。呜呼哀哉！请享用这些祭品吧。明代王世贞语："忠义之气与恳切真至之痛郁浡波磔间，千古不泯。"

《祭侄文稿》现藏于台北故宫博物院，是一件传承有序的颜真卿真墨宝，历代收藏家的钤印和题跋都在不断回望大历史下的个人悲壮命运，感受颜真卿"忠义愤发、顿挫郁屈"的情感激流。

《黄州寒食诗帖》

《寒食帖》的文本是苏轼（1037～1101年）写于1082年寒食节的两首五言诗，表达了作者仕途不顺、谪居黄州时的窘迫生活与晦暗心境。当时的苏轼处于无法施展抱负的贬谪状态，整个人仿佛在时间中沉沦、陷落，像病中的少年，病起之时，头发已经斑白，"何殊病少年，病起须已白。"孤身飘零，无力回归朝廷效力，也回不了家乡祭祖，"君门深九重，坟墓在万里。"而外在世界的意象仿佛就是心灵中的阴霾：萧瑟苦雨、蒙蒙水云、空房间、寒菜、破灶、湿重的芦苇、乌鸦衔着纸钱……情境高度契合交融。

尽管如此，在苏轼流传下来的3000多首诗词中，这两首诗并非其上乘之作，唯有当作者换用另一种艺术形式——书法进行表现的时候，文字自身的视觉形象被深度挖掘、充分展示，表情、神色、动静极其生动，烘托了悲凉的意境。其中，"衔纸"二字使用悬针笔法，颇有犀利扎心之感，黄州风雨，春花残落，陋室潮湿，胸中块垒郁结不散，遂使《黄州寒食诗

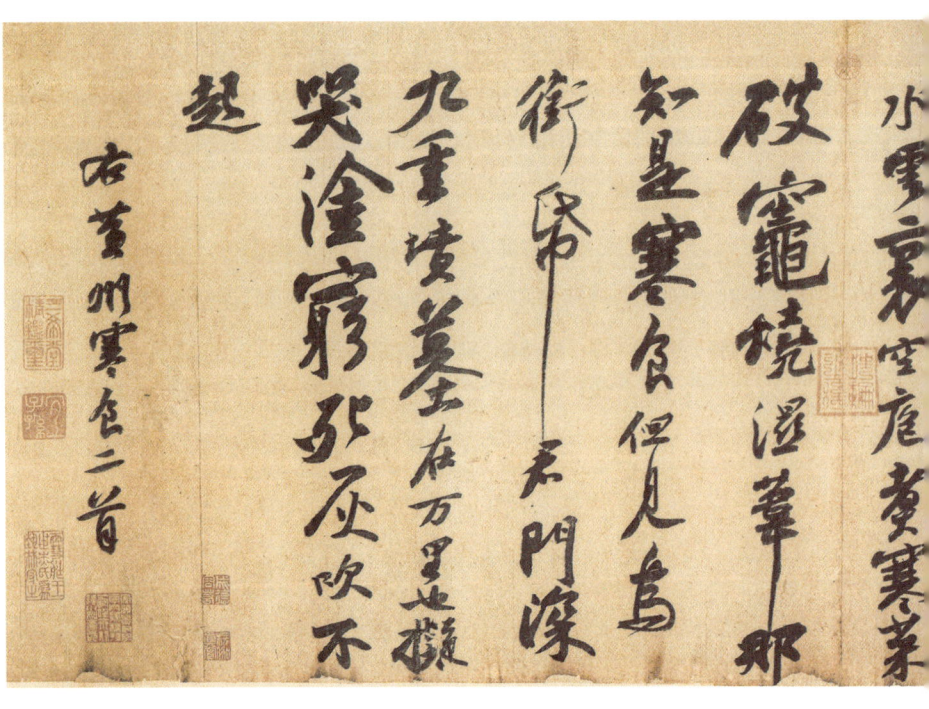

帖》成为千古名作。

　　自我来黄州，已过三寒食。年年欲惜春，春去不容惜。今年又苦雨，两月秋萧瑟。卧闻海棠花，泥污燕支雪。暗中偷负去，夜半真有力。何殊病少年，病起须已白。

　　春江欲入户，雨势来不已。小屋如渔舟，蒙蒙水云里。空庖煮寒菜，破灶烧湿苇。那知是寒食，但见乌衔纸。君门深九重，坟墓在万里。也拟哭途穷，死灰吹不起。

　　经由此种人生磨难的历练、反思、较量与调试，苏轼诗词中的豁达、超脱愈显得真实、亲切而伟大。他称赞黄州美好风物："自笑平生为口忙，老来事业转荒唐。长江绕郭知鱼美，好竹连山觉笋香。"（《初到黄州》）

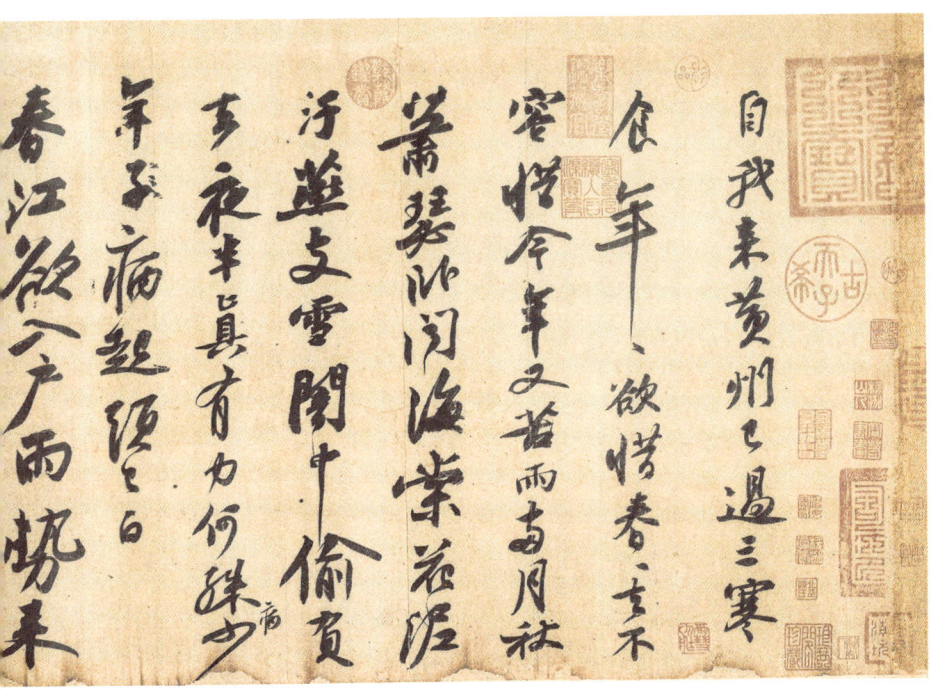

苏轼随遇而安,在天地自然中求得安慰:"临皋亭下八十数步,便是大江,其半是峨眉雪水,吾饮食沐浴皆取焉,何必归乡哉!江山风月,本无常主,闲者便是主人。"(《临皋闲题》)

最终,苏轼所践行的人生态度,齐荣辱、忘得失、逍遥放旷,成为精神治愈与修养的典范:"且夫天地之间,物各有主,苟非吾之所有,虽一毫而莫取。惟江上之清风,与山间之明月,耳得之而为声,目遇之而成色,取之无禁,用之不竭。"(《赤壁赋》)

等待苏轼的是接下来两次贬谪的命运,而苏轼在黄州淬炼成的精神世界已经无惧于任何艰难,甚至感谢命运的馈赠:"问汝平生功业,黄州惠州儋州。"

《黄州寒食诗帖》诞生18年后，几经周转，传到了河南永安县令张浩之手。元符三年（1100年）七月，张浩携诗稿到四川眉州青神县谒见黄庭坚，黄庭坚题跋于诗稿，与苏诗苏字并列："东坡此诗似李太白，犹恐太白有未到处。此书兼颜鲁公、杨少师、李西台笔意，试使东坡复为之，未必及此。它日东坡或见此书，应笑我于无佛处称尊也。"

张浩的侄孙张缜后来在诗稿后面题写记录并品评："东坡老仙三诗。先世旧所藏。伯祖永安大夫尝谒山谷于眉之青神。有携行书帖。山谷接跋其后。此诗其一也。老仙文高笔妙。粲若霄汉云霞之丽。山谷又发扬蹈厉之。可为绝代之珍矣。"

黄庭坚记下题跋这一年，宋徽宗即位，大赦天下。苏轼遇赦北归，在北归途中，卒于常州，享年66岁，结束了圆满的一生，成为中国知识分子的标杆。《寒食帖》的流传，似乎也预示了中国古典知识分子的精神传承不息。它躲过了1860年英法联军焚毁圆明园之厄，这一切都被收藏者记录在了《寒食帖》题跋中。

《黄州寒食诗帖》现有题跋12篇，按今台北故宫博物院所藏《诗贴》的年代顺序，分别是黄庭坚、张缜、董其昌、清乾隆皇帝（三题）、内藤虎次郎（二题）、王世杰、颜世清、罗振玉、郭彝民。

明朝时《寒食帖》传到了大书法家董其昌的手里。他见到《寒食帖》后非常惊讶，于是在帖后题跋曰："余生平见东坡先生真迹不下三十余卷，必以此为甲观。"后清朝时，藏于皇宫，乾隆皇帝赞其"无意于佳乃佳者"。

1860年，英法联军火烧圆明园，《寒食帖》留下火灼烧痕，但幸而损坏不大，之后流于民间，为书法鉴赏家冯展云所得。冯展云得之而视为珍宝，秘不示人。在他去世后，《寒食帖》辗转数人。

1917年，北京举办书画展，《寒食帖》展出，引起书法界轰动。1918年，

《寒食帖》转藏于颜韵伯（1873？~1929年）。颜韵伯是广东人，居于北京，工书画，善鉴赏。他对《寒食帖》也珍爱有加。当年12月19日是苏轼生日，颜韵伯题跋：

"东坡寒食帖山谷跋尾，历元明清，叠经著录，咸推为苏书第一。乾隆间归内府，曾刻入三希堂帖。咸丰庚申之变，圆明园焚，此卷劫余，流落人间，帖有烧痕印。其时也，嗣为吾乡冯展云所得。"

1922年，颜韵伯游东京，将《寒食帖》高价转让日本收藏家菊池惺堂。1923年，东京遭遇大地震，菊池家遭受火灾，其所藏的名人字画几乎毁损殆尽，但菊池惺堂冒险将《寒食帖》抢救了出来。第二次世界大战后期，东京频遭轰炸，《寒食帖》幸保无恙。

二战一结束，当时的国民政府外交部部长王世杰秘访得《寒食帖》下落，即重金购回中国，并在1959年题跋于其后，略述《寒食帖》流之于日本及其归国的大致过程。

"东坡先生此帖，曾罹咸丰八年，英法联军焚毁圆明园之厄。尔后流入日本。复遇东京空前震火之劫，详见卷后颜世清、内藤虎两跋。二次世界战争期间，东京都区大半为我盟邦空军所毁，此帖依然无恙。战事甫结，予嘱友人踪购得之，乃购回中土，并记于此。后之人当必益加珍护也。

民国纪元四十八年元旦，王世杰识于台北。"

《寒食帖》现藏于台北故宫博物院，被后人定为"苏书第一""甲观"（董其昌跋语），与王羲之《兰亭集序》、颜真卿《祭侄文稿》并列为"天下三大行书"。中国文字之精微，中国文化之绵远，"后之人当必益加珍护也"。

PART 09
兼容并蓄的汉字

汉字漫长的发展历程，也是汉字根据实用需要、审美需求不断调试，进行变革的过程。汉字传承至今，一直没有停止变化。

在文化交流的过程中，汉语积极吸收外来语，将外来语进行音译、意译，不断丰富汉语的表意世界、文明内容。在汉语发展史上曾出现过三次吸收外来语的高潮。第一次是在汉唐通西域和佛教传入中国之后，外来文明传入中国，相应地，汉字也吸收了菠菜、葡萄、石榴、水果、橄榄、胡椒、琵琶、唢呐等字，佛教思想融入到中国文化生命体中，也进入到汉语表达中。

汉语历史上的第二次借词高峰是从19世纪后半叶到20世纪初，中国晚清到五四运动的近百年时间。随着西方殖民主义的入侵，国内进步知识群体在接受新思想、新事物的同时，也引入了大量外来词，比如，苏维埃（俄语CoBeT音译，工农兵代表大会）、沙文主义（法语Chauvinisme音译，狭隘的民主主义）、布尔乔亚（法语Bourgeoisie音译，资产阶级）等政治经济语汇；声呐（英语sonar音译，水下声波定位装置）、卡路里（英语calorie音译，热量单位）、马达（英语motor音译，发动机）等科技词汇；幽默（英语humor的音译，诙谐）、吉他（英语guitar的音译，六弦琴）、探戈（英语

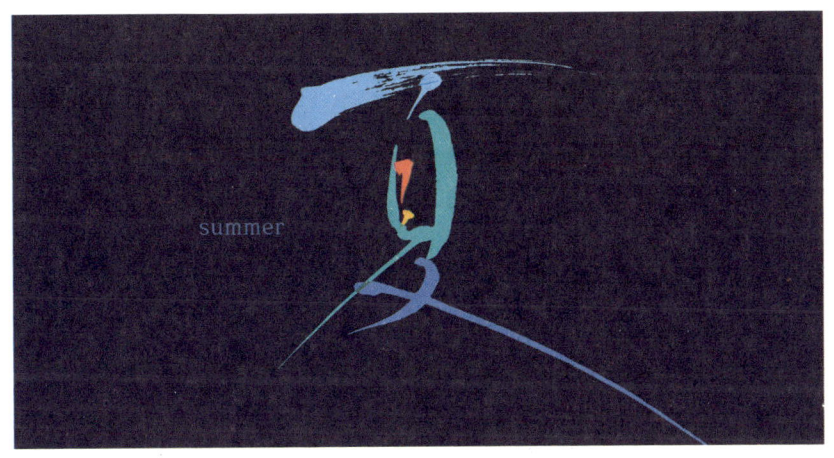

tango的音译)，马拉松（英语marathon音译）等文化艺术词汇；咖啡（英语coffee的音译），三明治（英语sandwich的音译），白兰地（英语brandy音译）等日常生活用语。

在这一阶段，还有一种相对隐秘的借词情况，在构词材料、构词规则上看起来就像汉语自身创造的词汇，这就是来自日语的外来词，比如：社会、经济、意识、资本、政府、行政、革命、文化、伦理、卫生、劳动等。

汉语中的第三次大规模借词是从20世纪70年代末期中国改革开放以来。在这一时期，中国进入到与国际政治经济文化全面展开交流的新阶段。许多外来语还来不及汉化，即楔入到汉语的表达中，有的是专有名词，如GDP、WTO、CEO、NBA等缩略语；有的是TV、CD、MP3、QQ等科技新词、品牌名称、专业术语等；有的是动词、形容词或者副词。

进入21世纪，网络逐渐成为人们生活中的一部分，汉语显示出它精妙的组构能力、包容能力，不断涌现出前所未有的意思表达，也出现了中文与外语相参差、专业术语与日常语汇相互渗透的多种复杂情形。

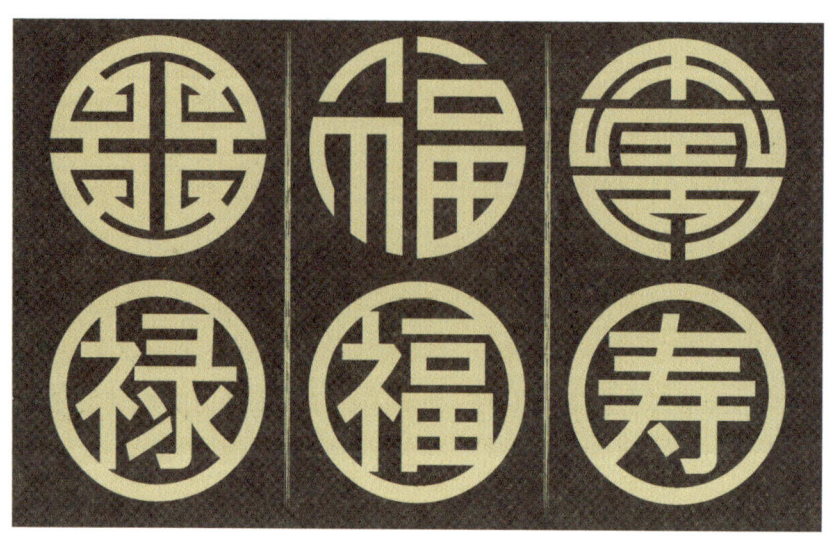

　　汉语中的成语、俗语等固定搭配甚至也适应着新的需要，尤其是品牌传播的需要，取用谐音，突破原有的表述习惯，作了字词"擅改"，涉及衣食住行方方面面。比如服饰中的"百衣百顺"（百依百顺）、"衣衣不舍"（依依不舍）、"衣名惊人"（一鸣惊人）等；烤鸡中的"鸡不可失"（机不可失），饮料可口"饮以为荣"（引以为荣），餐馆"肴肴领先"（遥遥领先）等；车行"我行我速"（我行我素）、"骑乐无穷"（其乐无穷）等；蚊香"默默无蚊"（默默无闻），驱蚊四件套称之为"蚊防四宝"（"文房四宝"）等等。

　　成语、俗语等固定搭配的"擅改"容易形成混淆现象，学龄阶段的孩子也容易受其误导，但是如果客观地看待这一现象，在新媒介传播条件下，利用人们约定俗成的声音记忆来"篡改"汉语的意义组合能力，确实显示了汉语的不可估量的生机。

　　事实上，汉语"音形义"一体的突出优势一直在中国艺术发展的进程中起着不可或缺的作用。历代书法及篆刻中的汉字、古钱币上的汉字、古代建筑及家具上的汉字、历代器物及装潢上的汉字、织绣印染品中的汉字、民间剪纸中的汉字，无不体现着汉字的装饰功能。在新媒介传播的条件下，汉字在标志设计、广告设计、包装设计等平面设计中，"音形义"进一步表现挖掘汉字的图形化特征、提炼书法的审美形式感、装饰性美学特征等。

汉字，作为中国文化的核心，既是生动的视觉符号，具有独特的审美价值，也是创意思维的直接体现。如今，汉字创意观念的拓展、汉字创意产品的研发、文化艺术产品的市场营销等，正在形成汉字产业链条，成为带动经济发展的新引擎。

汉字与外来文明，汉字与传播，汉字与现代设计，汉字与文化创意产业，数字时代赋予了汉字遗产再生的多种可能，也改变了我们弘扬和传承汉字的方式；然而，我们也不得不承认，我们这个时代，文字记录方式发生了革命性变革，键盘输入正在慢慢取代一笔一画的汉字书写，提笔忘字、频写错别字，也是无法回避的"汉字书写危机"。

汉字不仅是表意符号和交流工具，它的书写方式还蕴藏着丰富的历史文化与美的积淀，让我们认识汉字、书写汉字，琢磨每一个汉字，重现它承载的中国文明。

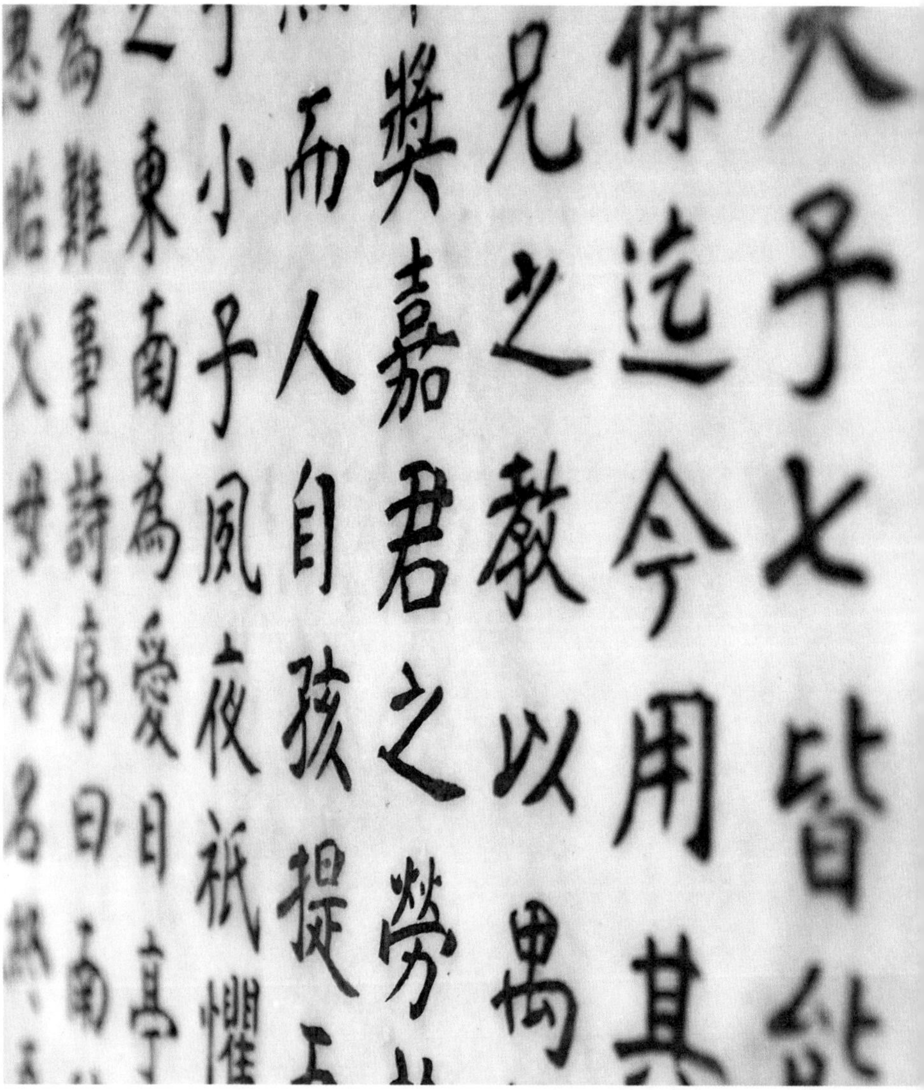
保迄今用其
兄之教以禺
獎嘉君之勞
而人自孩提
小子夙夜祇懼
東南爲愛日亭
雖事詩序曰南

第二章

汉字的造字法则

随着汉字的产生、发展与运用，汉字的造字、用字方法也得到了总结与归纳，这就是"六书"，包括象形、指事、会意、形声、转注和假借。

象形字从图画演变而来，是一种最原始的造字方法。指事字往往是在象形字的基础上加上提示符号。会意字是在象形字、指事字的基础上进行自由组构。形声字以形旁表意、以声旁标音，是汉字发展史上创造新字的主要方法。

汉字　方块字里的中国

✕

PART 01

六书

　　随着汉字的产生、发展与运用，汉字的造字、用字方法也得到了总结与归纳，这就是"六书"。"六书"是人们对周代（公元前11世纪）以前的汉字进行构造与用法分析，最终提炼出来的六种类型，包括象形、指事、会意、形声、转注和假借。"六书"的说法最早见于战国时期儒家学者所编撰的《周礼·地官·保氏》中的表述，被列为古代学校教授贵族子弟的一项内容："保氏掌谏王恶，而养国子以道，乃教之六艺：一曰五礼，二曰六乐，三曰五射，四曰五御，五曰六书，六曰九数。"但是《周礼》中的"六书"具体是什么，并没有详细记载。后人只能从先秦文献中推测，这里的"六书"可能是指六种字体或者是有关汉字的学习，而不是后来所说的汉字造字法。到了东汉，有了关于"六书"内涵的三种记载，分别出自班固、郑众、许慎三家，但说法不一。班固（32~92年）在《汉书·艺文志》中把"六书"解释为汉字造字方法："古者八岁入小学，故周官保氏掌养国子，教之六书，谓象形、象事、象意、象声、转注、假借，造字之本也。"之后，东汉末年儒家学者郑玄（127~200年）注《周礼》时指出："六书，象形、会意、转注、处事、假借、谐声也。"许慎在《说文解字·叙》为"六书"定名、下定义并举例子进行说明。

"周礼八岁入小学，保氏教国子，先以六书。一曰指事，指事者，视而可识，察而见意，上下是也；二曰象形，象形者，画成其物，随体诘诎，日月是也；三曰形声，形声者，以事为名，取譬相成，江河是也；四曰会意，会意者，比类合谊，以见指㧑，武信是也；五曰转注，转注者，建类一首，同意相受，考老是也；六曰假借，假借者，本无其字，依声托事，令长是也。"

现在我们提及"六书"一般采用许慎的定名、班固的名目次序。

"六书"在一定程度上揭示了汉字的构造规律，是探讨汉字源流的重要途径，也是后世造字得以依循的重要基础。不过，由于许慎没有见过甲骨文，所能追溯的汉字之源只是春秋（公元前4世纪后期）以后的文字，无法获取更早期的字形，因此，不可避免地在理解本义上出现偏差。

以"为"字为例，许慎将"为"视为象形字，在《说文解字》中"为"字归入"爪"部部首，从小篆的字形出发，解释为："母猴也。其为禽好爪。爪，母猴象也。下腹为母猴形。"并给出"为"的古文形态，认为"为象两母猴相对形"。根据释义，可以看出，这个"为"指的是"母猴"，上部突出了走兽的爪子特征，下部又是母猴的形象。

而在甲骨文中，"为"是会意字，它由两个象形字"手"和"象"组合而成，一只手牵着一头象。"役象以助劳"，引申为做、干，又引申为种植、建造、制作、充当、掌管、当作等做的具体方式。甲骨文演变为小篆，字形发生了很大变化，这是许慎无法观察到的，这是文字材料获取上的局限性造成的，但他从字形释读字义的方法是行之有效的。在汉字演变的过程中，字形变化，意义转换，新字不断产生，文字学的研究必然也要持续更新。

象形、指事、会意、形声，四种造字法几乎对应了汉字演变发展的不同阶段，现代汉字大量应用形声造字法，所占比例在90%以上。另外，汉字演变表现出很明显的简化特征，简化字也是现代汉字的造字方法。现代汉字中简化字有2235个，占现代汉字总数的20%左右。

　　汉字造字法的结构性特征，非常符合现代创意的思路，不断组构小的设计元素，拼接、交互、渗透，最终形成元素间的协调统一，获得完整的视觉形式。

PART 02
造字法

东汉著名的史学家班固（32～92年）称"六书"是"造字之本"，后世学者认为，象形、指事、会意、形声是造字之法，转注和假借是用字之法。"六书"也成为后来的造字、用字的基本法则。

象形：会画画就会写字

"象形者，画成其物，随体诘诎，日月是也。"许慎对这种造字方法的解释是：根据实物来描画，笔画随着实物的轮廓进行相应的弯曲。许慎还举出用象形的方法造出来的两个例字，"日"与"月"。

将"日"和"月"的真实形态与文字进行对比就会发现，象形不是简单地描摹，而是很敏锐地把握住了事物的根本特性。太阳呈现出的总是饱满的状态，因此字形上表现为方圆状，甲骨文一般写作 ⊝；月亮有阴晴圆缺，所以字形是不完满的有亏缺的月牙形式 𝔻 。"日"和"月"的字形中心都填了一笔，应该是代表太阳、月亮表面上肉眼可见的形象的一种表达。"月"字的演变看起来变化了不少，但只要把这个"月"顺时针旋转90度，我们也可以看见一个大致的两头尖尖的月牙儿，中间竖了一笔的形状。

象形造字法的核心是从事物的形式上着眼，取什么样的形是关键。一般从以下三个方面来取形。

（1）整体取形，描画出实物的整体轮廓。这是象形字运用最多的创造方式。从自然界到人类世界，从鸟兽虫鱼到人，以及人的生活的方方面面。

山，甲骨文作 ⛰，像绵延起伏、峭拔挺立的山峰。

水，甲骨文作 〣，像奔涌流动、有干流的河水。

云，甲骨文作 ʒ，像在天上卷起垂挂着的云层。

鸟，甲骨文的鸟的写法很多，对应着不同的鸟类形态，如 ⚘ 。

象，甲骨文作 ⚘ 、 ⚘ ，是一个完整的象的状貌。

龟，甲骨文作侧面像和俯视像两种，如 ⚘ 、 ⚘ 。

虫，甲骨文作 ⚘，像一条蛇的样子。

人，甲骨文作侧身站立的人，面朝左或者右，如 ⚘ 、 ⚘ 。

耳，甲骨文作 ⚘，耳廓和外耳道很突出，像耳朵。

壶，甲骨文作 ⚘，古为盛酒器，后亦盛水、盛冰。

网，甲骨文作 ⚘，像捕鱼或狩猎的网。

（2）局部取形，就是取实物最具特征的部分，以局部代全体。

牛，甲骨文作 ⚘，金文与此相似，也有作特别具象的写法，如 ⚘ ，都是取了牛头，两角上曲、两耳旁立。

羊，甲骨文作 ⚘，像两角下曲的羊头。

竹，甲骨文作 ⚘，像下垂的竹叶。

（3）依托物取形，即连带着将实物的依附物一起画出来。这个依托物往往是所标识的实物的来源，起到反衬、烘托效果，以提升辨识度。例如：

土，甲骨文作 △，"_"像地面，地面上隆起之物，则为土。

州，甲骨文作 ⁂，水中小岛的形态离不开水的环境。

瓜，金文作 ⎰，瓜结于藤蔓之上。

果，金文作 ⽊，果实结于木（树）上，又引申为"结果""终结"之意。

眉，甲骨文作 ⽬，金文作 ⽬，眼睛上方的毛，即指睫毛也指眼眉。《说文》从小篆字形 ⽬ 体会这一象形字，以为上部分是抬头纹（"额理"）是不对的。

象形字是从图画演变而来，作为书写符号，它弱化了图画中不必要的描绘，用线条和笔画提炼出了事物最精要的部分，表达了一定的概念，有固定的读音。它是一种最原始的造字方法。象形字是构成汉字的基础，其他三种造字法基本上是用象形字作部件来构成，可以说，掌握了象形字，就基本上掌握了汉字的构字部件。

尽管如此，据清代朱骏声《说文通训定声》的统计，《说文解字》所收9353个字中，象形字只有364个，数量很少，还不到总数的4%。这是为什么呢？显然，象形，是描绘实物形状的造字方法。有些实物，描绘起来有难度；有些抽象的概念，无形可象，所以光靠"象形"这种方法造字是很不够的。

指事：用指示符来造文字

《说文解字·叙》说："指事者，视而可识，察而见意，上、下是也。""视而可识"，一看就能认出什么字；"察而见意"，仔细琢磨一下就能明白字意，这就是指事造字法。"上""下"就是指事字。

"上""下"，许慎所见的写法分别是，⊥、⊤，甲骨文写作 二、一，可以体会到指事造字法所赋予符号的抽象化特征，在主体符号"一"（一长横或一长弧线）的上方或下方画上标示符号（一短横，或一短弧线、一竖），在上面表示"上"，在下面则表示"下"。再比如：

一，一横表示数目字一。

二，两横表示数目字二。

三，三横表示数目字三。

四，四横表示数目字四。

用抽象符号造字的指事字数量不多，常见的指事字往往是在象形字的基础上加上提示符号（短横和圆点），例如：

"木"是象形字，甲骨文写作，像上有枝干、下有根系的一棵树的形象。那么，在树根部加上标识，一点、一横或者其他，如（金文）、（古文），就是指事字"本"，表示树的根本，有重点、根本之义。同样，在木上加一横或一点表示树梢的所在，如，原义是树梢，泛指事物的末端、末尾。

"刃"字是在"刀"的锋利处加上一点，如甲骨文写作" "，小篆写作" "，表示刀刃所在。"甘"口中加一短横，" "表示味道甜美。"凶"字则是在陷阱处加上交叉符号" "。

象形，重在像原物的形状，字与物之间联系紧密，字符与物象是很实在的对应关系。而指事字的指事符号不像原物，只是提示作用。指事字所用的提示符号在造字法中有极为关键的意义，它将符号与实物自觉分为两个体系，促成了符号体系的建立、独立与完善。

据清代朱骏声《说文通训定声》的统计，《说文解字》所收的指事字有125个，占总数的1%多一点。但指事字和象形字一样，也是会意字、形声字的构字部件，充当汉字部件的构成基础。

会意：部件组合生出新意思

象形字、指事字都是独体字，而会意字是合体字。《说文解字·叙》中说，"会意者，比类合谊，以见指撝，武信是也。""比类"，指合并两个以上的独体字；"谊"，即义，"合谊"，就是把意义组合起来；"指撝"，即指挥，指相关的字组合在一起产生新的意义。所以，会意造字法就是通过组合独体字，产生新字，形成新的字意。

如"武"，是由"止""戈"两个独体字并合在一起构成的会意字，表示"止""戈"为武（制止暴乱就是武）；"信"，是由"人""言"相组合，构成的会意字，表示"人言为信"。

"武""信"均是由不同的独体字组成的，叫"异体会意字"。自然界的变化（天气、冷暖等），人的感知（视听嗅味触等），人的行动（日常行为、生产生活等），意味着物—物、人—物进行各种交接与动态表现，在自然、动物、植物、人、器用等有了象形字、指事字的命名之后，这些命名之间的种种组合也就获得了"会意"效果，非常适合用会意字表达。

莫，甲骨文作 🌿，太阳落到草丛中，意思是日落时，傍晚。而表示这个意思的"暮"为后起字，"莫"是"暮"的本字。

寒，金文作 🏠，人在宀（mián）下，"宀"是屋子，人在屋子里的草中，以草取暖；屋外寒冷，下面两横代表冰。

明，甲骨文作 ◐🪟，由"月"和"囧"字组成，"囧"就是窗户，月亮照在窗户上，有照亮、明亮之义。

见，甲骨文作 👁，上面是"目"，下面是"人"。在人的头上加只眼睛，强调眼睛的作用，人睁大眼睛看，看见，见到。

看，小篆字形为 👀，上面是"手"，下面是"目"，是人将手遮于眼前看的情态，意为集中眼力看。

臭，甲骨文作 🐕，上面是"自"，下面是"犬"，"自"本义是鼻子，"犬"嗅觉灵敏，合在一起，就是闻气味的意思。"臭"是"嗅"的本字。

走，甲骨文作 🏃，小篆作 🏃，字形中均为摆动两臂、拔腿跑的人形，金文下部为"止"，"止"是"趾"的本字，即人脚，强化了跑动的意思。"走"的本义就是"快跑"。

涉，甲骨文作 ⫶，中间是水，两边是两只脚，作涉水之态。涉就是蹚水过河。

逐，甲骨文作、🐗、🦌，🐖是野兽在前面跑，人（脚）在后面追的情态。逐就是追赶。

采，甲骨文作 🌳，手采摘树上果实。引申为采取之意。

秉，甲骨文作 🌾，以手持禾。本义是禾把，禾束，引申为手里持握。

牧，甲骨文作 🐂，手拿木棍赶牛，本义是放牛或牛群，后来指放羊、马等家畜。

伐，甲骨文作 🔨，用戈砍人的头，本义为砍杀，后引申为"讨伐"。

取，甲骨文作 ✋，左边是耳朵，右边是手，合起来表示用手割耳朵。古代作战，以割取敌人尸体首级或左耳以计数献功。

祭，甲骨文作 🥩，由又（右手）、肉、示（祭台之形）组成，意为手里拿着肉献给神。祭的本义是残杀。

祝，甲骨文作 🙏，一个人跪在神前拜神、开口祈祷。本义是祈求保佑。

从外形特征上看，会意字所组构的独体字除了"异体会意字"，还有"同体会意字"，顾名思义，由两个或两个以上相同的形体组成。例如：

从，甲骨文做"𠆸"，由两个"人"组成，一人在前，一人在后，二人相从，本义"跟从"。

步，甲骨文做"𣥂"，由两只脚的象形符号组成，两只脚一前一后，本义"行走"。

炎，甲骨文做"炎"，火上加火，表示火光上升，本义"火苗升腾"。

林，甲骨文做"𣏟"，二木并立，表示树木丛生。本义"丛聚的树木"。

森，甲骨文做"森"，由"木"和"林"字组成，表示"树木丛生繁密"。

晶，甲骨文作 晶，品，表示繁星，星有光明晶莹之意。

磊，石是象形字，甲骨文作 🪨，是山崖下的石块之形。三个石放在一起，意为石头多，众石累积。

会意字在形式上有"同体会意字"和"异体会意字"，在结构组合上有上下结构、左右结构与包围结构，会意字需要考量与定夺独体字之间的搭建与布局。

据清代朱骏声《说文通训定声》的统计，《说文解字》所收9353个字中，会意字有1167个，占总数的12%。会意法造字在象形、指事字的基础上进行自由组构，比象形法、指事法便捷、灵活，但是会意字与象形字、指事字的共同点是都没有表音成分，都是纯表意字。而汉字的主要造字法是形声字。

形声：认得一半就能念出声

许慎说："形声者，以事为名，取譬相成，江河是也。""以事为名"，按照事物的类别特点去选一个字，作为新字的一部分，或者说立一个义符（"名"，在这里指义符），"取譬相成"，取一个发音相同或相近的字作声符（譬，指发音相同或相近），然后和义符共同合成一个新字。

也就是说，形声字属于"合体造字法"，由两部分组成：义符（或称"形旁"）和声符（又称"声旁"）。形旁是指字的意思或类属，声旁是标音，标示出相同或相近的字音。

"江""河"就是用这样的方法造出的形声字。在这两个字中，义符都是水（氵），"江"的声符是"工"，表示"江"的读音和"工"相同或相近；"河"的声符是"可"，表示"河"的读音和"可"相同或相近。声符标音的准确率并不高，一方面是造字之初，声符所能标记的字音是有限的，所以标音取相同或相近均可，另一方面就是与汉字的读音变化、记录方式有关，所以不能仅凭声符来念准字音。

形符和声符在一个字里的位置是约定俗成、在结构上不断调试的结果，一般有左右结构（左形右声或右形左声），上下结构（上形下声或下形上声），内外结构（内形外声或外形内声），偏于一角结构（形符在一角或声符在一角）以及相互穿插等。

（1）左形右声。形旁在左，声旁在右。常用的形旁从自然万物到人的身体器官、衣食住行、农牧渔猎、信仰崇拜等均有涉及：金（钅）、木、水（氵）、火、土、石、玉（王）、阜（阝）；人、女、口、目、手（扌）、心、肉（月）、言（讠）、食（饣）、衣（衤）、行、禾、耒、犬（犭）、牛（牜）、馬（马）、魚（鱼）、示（礻）等。例如：

用"木"作形旁的字有梧、梅、松、桂、桃、桔、柚等树木，以及椅、棚、橱等木制成品。

用"土"作形旁的字有地、坦、坡、坎等土地形态，以及均、填、堵等利用土的方式。

用"言"作形旁的字有说、语、诺、课、谋等语言运用方式，以及诗等语言作品形式。

用"口"作形旁的字有涉及口部的细节部位、口部的动作等，如咽、喉、吃、吻、咳、唱、唉等。

用"手"作形旁的字一般均与手部动作相关，如指、扶、握、把、接、扮、挂、掺等。

用"女"作形旁的字涉及女性在亲缘关系中的称谓、女性的婚姻、外貌等方面的表达，如姐、姊、姑、姻、嫁、姣、娥等。

（2）右形左声。形旁在右，声旁在左。常用的形旁有：刀（刂）、邑（阝，在右）、戈、欠、页等。例如：

用"刀"作形旁的字都关乎用到的动作，如切、削、剖、割、判、刊、刚、刮等。

"邑"，甲骨文作 ，是会意字，上为口（wéi），表示疆域范围，下为跪着的人形，表示人丁。合起来表示城邑。由"邑"作形旁的字多和地名、邦郡有关，如都、邦、郊、部、邻、郑、鄙等。

"欠"，甲骨文作 ，是象形字，像一个人张着嘴打哈欠。用"欠"作形旁的字均与说话、歌唱、出气等有关，如欺、欧、歌、欣、欲、软、钦、歇等。

（3）上形下声。形旁在上，声旁在下。常用的形旁有：宀、艹（艹）、竹、穴、雨等。例如：

"宀"，甲骨文作 ，一种四面有墙，上有覆盖，内有堂有室的深屋。用"宀"作形旁的字与房屋有关，如宅、室、寓、富、宴、客等。

"竹"，甲骨文作 ，象形字，像竹茎与下垂的叶片之形。"竹"字做形旁的字与竹器、乐器和文字记载的形式有关，如竿、篮、箱、箭、符、箫、笛、管、篇、籍、策等。

（4）下形上声。形旁在下，声旁在上。常用的形旁有皿、火、女、贝、心、金、土等。

"皿"，甲骨文作 ，象形字，像饮食器之形。"皿"作形旁的字均为饮食器，如盆、盂、盅、盛等。

"贝"，甲骨文作 ，象形字，像海贝形。因贝壳兼具货币与装饰功能，所以，"贝"作形旁的字均与钱财珍宝、装饰物或贸易品有关，如贡、资、货、费、贪、贸、贷、赏等。

"心"，甲骨文作 ♡ ，象形字，像心脏之形。"心"作形旁的字涉及心情，如愁、悲、怒、忌（本义为憎恨）等，涉及注意力，如忘、想、忽（本义为不重视、忽略）。

（5）外形内声。形旁在外，声旁在内。常用的形旁有：囗（wéi）、门、匚（fāng）、勹（bāo）、衣（上下分开）等。例如：

"门"，甲骨文作"門"，像门形。"门"作形旁的字，如与门相关的部件：阁（放在门上用来防止门自合的长木桩）、阑（门前的栅栏）等；与门相关的动作：闸（开关门）、阐（打开）、阅（在门内考察、计算事物）、闵（在门里吊唁）等。

"匚"，甲骨文作 𐊰 ，是盛东西的器具。用"匚"作形旁的字均为盛物之器，如匪、匡、匣等。

（6）内形外声。形旁在内，声旁在外。这类形声字数量最少。例如问、闻、闷等。

（7）形旁居于一角。把形旁放在整个字的一角，声旁的字一般作变形处理，如"颖"与"颍"，形旁分别是"禾"与"水"，声旁均为"顷"，其中"匕"缩小了。再如"腾"，形旁是"马"，声旁是"朕"，其中"关"缩小了。

（8）声旁居于一角。把声旁放在整个字的一角。常用的形旁一般具有半包围的结构，可以把声旁容纳进来，这样的声旁有：广、疒（chuáng）、尸、户等。例如：

"广"，指依山崖而建造的房屋。用"广"作形旁的字有：庭（厅堂）、府(府库，府藏，指国家收藏文书或财物的地方)、庖（厨房）、序

（东西墙）等。

"疒"，甲骨文作 ，字形上是人有病痛而倚靠休养的样子。用"疒"作形旁的字与人身体不适的状态有关，如疲、病、痛、痒、痤等。

形声字的自由组合能力带来了字形结构上的美学追求，那就是形式上的和谐统一。因此，为了保证形式上的平衡效果，形声字中有省形、省声的情况。形旁省写叫作省形，声旁省写叫作省声。

省形的字，如："弑"的形旁"殺"省去了"殳"；"亭"的形旁"高"省去了下边的"口"；"屦"的形旁"履"省去了"复"。

省声的字，如：徽的形旁是"糸"（mì），声旁"微"作了省写。莹的形旁是"玉"，声旁"荧"省去"火"。

形声造字法根据现有的象形字、指事字、会意字等文字材料，既能记录具体的事物，也能表达抽象的概念，突破了其余造字法的局限。形声字以形旁表意、以声旁标音，使汉字带有了一定的记音性质，是汉字发展史上创造新字的主要方法。据清代朱骏声《说文通训定声》的统计，《说文解字》所收9353个字中，用形声法造的字数量最多，有7697个，占总数的82%。

转注与假借：两种用字法

严格来说，转注和假借不属于"造字法"，而是"用字法"。比如，不同地区或因为发音不同，或因为地域隔阂，对同一事物有不同的称呼。当两个不同的字代表同一样事物时，它们会有相同的部首或者部件，读音相近，这就叫转注。当一个在口语中使用的词，在书写中没有对应的字时，人们会用一个同音字暂代，但久而久之形成惯例就成了定式。这就叫假借。所以，不同于象形、指事、形声和会意，转注和假借并不创造新的字，而是寻找可替代的字。

《说文解字·叙》："转注者，建类一首，同意相受，考老是也。"《说文解字》中对"老""考"的解释如下：

"考，老也。从老省，丂（kǎo）声。"

"老，考也。七十曰老。从人毛匕（huà）。言须发变白也。凡老之属皆从老。"

"考"和"老"是一对转注字，"考"可以解释作"老"，"老"也可以解释作"考"。"考"字是形声字：取了"老"来作形旁，并省略了一部分，加了一个新的声旁。它们之所以能够成为同义字，是因为先造的这个象形字"老"，在读音上与别的方言有差异或者后世读音发生了变化，于是加了注音符"丂"变成"考"。"老""考"在《说文解字》的部首中，同属于老部，声音相近，意义完全相同，因此可以转注。

许慎在解释"转注"时所列举的"考""老"二字，既可以单纯从两字的字形上解释转注，也可以从两字字义关联上解释，或者从两字字音与字义的关联上来解释，因此，关于"转注"分别有"形转说""义转说""声转说"三种说法，这也是许慎的"建类一首"表达不够明确之处，在同一部首下，通过何种依据来利于一类（建类）。当然，这是汉字的形音义一体的复杂性所带来的理解上的分歧。

尽管转注的定义不容易确定，但是，转注最终达成的效果是"同意相受"，两个字可以互相解释。一般来说，转注就是指同一部首下读音相同或相近、意义相通的可以互相解释的一组字。"考、老"都在"老"这一部首下，读音相近，意义相通，可互相注释。

《说文解字》中并没有具体标注某个字为转注字，但从一些字互相解释的情况下，我们将其判断为转注字，比如"颠""顶"是一对转注字，都属于页部，声音相近，意义相同，并互相注释。再如"桥"与"梁"、"呻"与"吟"。"桥，水梁也。从木乔声。""梁，水桥也。从木从水，刅声。""呻，吟也。从口申声。吟，呻也。从口今声。"后来这些字各被赋予不同的使用情境，或者成为同义词，或者逐渐成为完全不同的词。

转注不是一种造字的方法，转注字一般是用形声等方法造的字，是为了适应语言发展变化的需要，对现有字形进行微调的结果，是一种动态的文字现象。

假借则是借用已有的字来记录语言中新产生的同音词。假借的条件是音同（近），假借者与被假借者在意义上并不需要有联系。《说文解字·叙》说："假借者，本无其字，依声托事，令、长是也。"口语里有的词，但没有相应的文字对应，于是就依据读音，找一个和它发音相同或相近的字来表示它的含义。许慎给的例字"令""长"，这两个字作为假借字在字义上的引申关系更明显。

令（令），甲骨文作 𝍩，上边像一个倒写的口字，下边像一个人跪着听候命令，其本义是发号令，后来引申为"县令"的"令"。

长（长），甲骨文作 𝍩，像一个人头发长，意为年长，后来引申作"县长"的"长"。

假借最明显的特征是因字音而借字，比如：

而（而），金文作 𝍩，象形字，上面的"一"表示鼻端，"丨"表示人中，下面表示有络腮胡与嘴下的胡子。后来借为连词"而"。

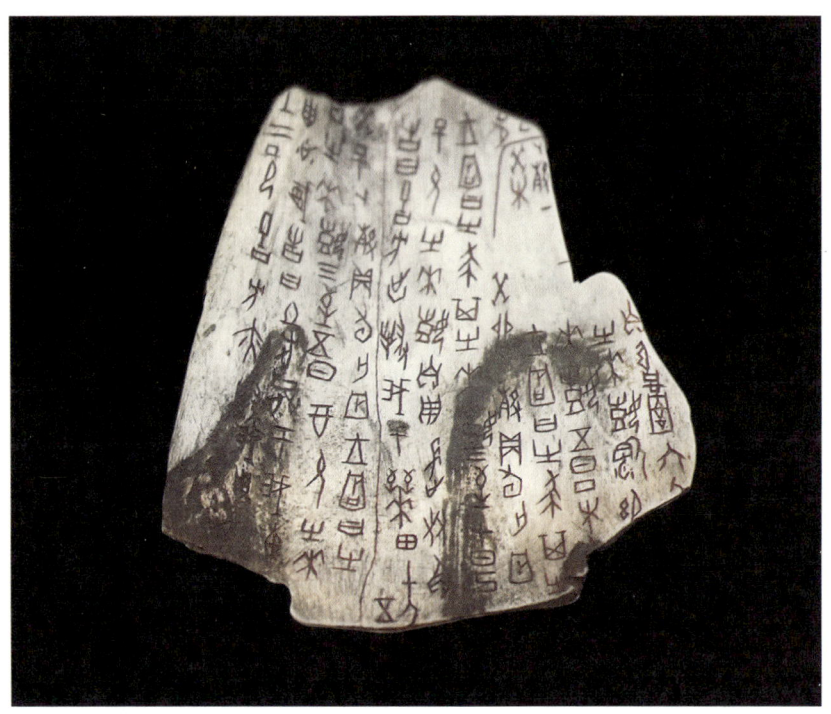

✕ 甲骨文骨片

其（其），甲骨文作 ⋃，金文作 ⋃，象形字，像簸箕形，原义为簸箕；后来假借为代词"其"。后来又在"其"上加"竹"旁写作"箕"，表示"其"的原义。

耳（耳），甲骨文 ⋃，金文作 ⋃，指"耳朵"，后来假借为语气词"耳"。

我（我），甲骨文作 ⋃，会意字，两种兵器放在一起，本义是兵器。后来假借为第一人称代词。

自（自）甲骨文作 ⋃，象鼻子的形状，原义是鼻子，后来借为"自已"的"自"，原义已不通行。

來（来）甲骨文作 ，像麦子形，原义为小麦。借为"来去"的"来"，原义已不通行。后以"麥（麦）"表示"来"的原义。

果（果），甲骨文作 ，像木上结果之形。本义为果实。后来借为"如果"的"果"，原义仍保留。

假借法通过借用现有的字来记录新词，并不需要造新字，是一种很便捷的用字的方法，极大地拓展了汉字如实记录汉语方面的能力。

第三章

汉字里的中国

　　选取最具中国文化代表的20个汉字,天、日、山、水、木、神、鬼、礼、乐、诗、艺、人、儿、女、会、茶、器、书、看、学,通过追溯汉字的字形源流、字义演变,展现汉字作为历史符号所承载的文化意义,从天地自然、宗教信仰到礼乐文明,从日常生活、德行修养到美学追求与哲学内涵,引入相应的绘画、青铜器、陶瓷、建筑等作品,将文字与文学、哲学,与那些收藏在博物馆里的文物、陈列在广阔中国大地上的遗产互为印证,共同还原出中国历史文化的生动图景,展现中国古典文明的博大精深。

汉字　方块字里的中国

╳

PART 01
天

天，天空的天，天地的天，如此庞大的事物，用什么字形来记录它呢？

甲骨文和金文里的"天"字，在构形上都是一个人的模样，都是四肢躯干上顶着一个脑袋。区别只在于脑袋的形式，"天"的甲骨文 ⚲，脑袋用小方框表示；"天"的金文 ⚲，脑袋则变成实心的圆脑瓜了。

这是因为，甲骨文是刻画在龟甲和兽骨上的文字，用刀刻划出横竖清楚的线条是最具标识性的表达。金文是铸于青铜器表面的文字，无论翻模还是范作都很复杂，在这一过程中，块面是比线条更具优势的选择，所

× "天"的金文

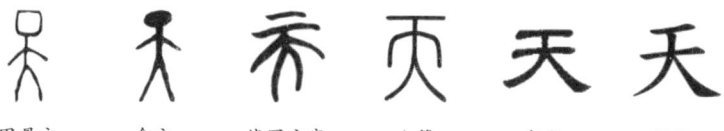

| 甲骨文 | 金文 | 战国文字 | 小篆 | 隶书 | 楷书 |

✕ 天的字形演变

以，金文里的头变成实心圆了。

小篆里的"天"，人的脑袋简化为一横，体现了毛笔书写的线性特征。"天"的字形基本上就在这个基础上确定下来了。从"天"的字形演化，我们可以发现，人形的头部一直是得到重视的，变化的重点也在头部。

那么，为什么用人形来表示天呢？为什么又始终关注人的头部呢？许慎在《说文解字》中解释道："天，颠也。至高无上。"

"颠"指的是人的头顶。"天"本来的意思是指人的头顶，后来我们理解到的天空的天，天地的天，是从头顶这个意思引申来的。试想，人抬头向上，目睹着至高无上的所在，人可以看见它，感受它，可以想象它，思考它。但它却是那么高远，那么触不可及。于是，在头脑之上的这部分，我们就称它为"天"。

从仰望开始，人类的观察力、想象力就开始探寻和丰富天上的内容了。天，既是充满星宿的宇宙，又是神灵的居所。

战国曾侯乙墓（战国早期，约公元前4世纪末，曾国一位国君曾侯乙的墓，出土于湖北随州城西两公里的擂鼓墩东团坡上。墓中出土的十二律俱全的64件青铜双音编钟，另还有一件无声编钟，以及玲珑剔透的尊盘和完整写有二十八宿名字的衣箱都是极其珍贵的文物，尤其是曾侯乙编钟是迄今发现的一套最完整最大的青铜编钟），其中一件彩漆衣箱的盖面正中写有篆文"斗"字，象征北斗七星；在"斗"字的周围环绕写着二十八星宿的

星名。这意味着，在战国初期，中国已形成二十八宿体系（古代中国人把黄道附近的星象划分为二十八组），并与北斗配合使用。而在认知不及的空白处，则绘有一龙一虎。由此可见，人类的未知全由想象来创造。

到了汉代，人们想象中的天上则是一个灵动的神话世界，充满了优美的对称、律动的节奏、神异的事物。

长沙马王堆一号汉墓，位于湖南省长沙市东郊4000米处的浏阳河旁的马王堆乡，是西汉初期长沙国丞相、轪侯利苍的家族墓地。马王堆汉墓的发现，为研究汉代初期埋葬制度、手工业和科技的发展及长沙国的历史、文化和社会生活等方面提供了重要资料。2016年6月，马王堆汉墓被评为世界十大古墓稀世珍宝之一。

马王堆三座汉墓共出土珍贵文物3000多件，绝大多数保存完好。其中五百多件各种漆器，制作精致，纹饰华丽，光泽如新。尤为珍贵的是一号墓的大量丝织品，保护完好，品种众多，有绢、绮、罗、纱、锦等。有一件素纱禅衣，长1.28米，且有长袖，重量仅49克，织造技巧高超。一号墓和三号墓内棺上的彩绘帛画，保存完整，色彩鲜艳。两幅帛画全长2米许，均作"T"字形，下垂的四角有穗，顶端系带以供张举，应是当时葬仪中必备的旌幡。两幅帛画构图基本一致，分天上、人间、地下三个部分。往天上去，先要经过一道天门，叫阊阖。这道门没有门板，只有一左一右两个门柱，每个门柱的顶端各攀爬着一只豹子，扭头相视，像两件雕塑。倚着门柱的是两位守门神，叫帝阍，宽袍大袖，头上所戴之物类似于皇冠。帝阍头上支起一个小平顶，后面缀着珠串。二神面对面，相谈甚欢。

再往上可以看到两条巨龙，张口吐舌，腾飞而舞，身体扭成S形。神龙中间支撑开一个威严肃穆的大场面，两骑神怪冲将出来，它们的坐骑乍看像马，仔细端详又像豹子，全身斑点。神怪各自手里挽着一条线绳，牵悬起一件打击乐器——特钟。神鸟俯冲而鸣，仿佛与钟声相和。

最高处端坐着天帝，人首蛇身，红色蛇身形成环形系扣，把自己包围。神鸟成群结队，仰鸣于侧。日月同辉，一轮红日在右，日中有金乌，红日下有扶桑树及树间的八个小太阳；一弯新月在左，月上有玉兔和蟾蜍，月下有女子横身跃起，双手擎月，应是那位传说中偷吃仙丹飞上天的嫦娥姑娘。

T形帛画中反映的"天"上的中国道教神仙世界，在后世的民间信仰中也慢慢勾勒出了一个类似于人间的形态，由住所、最高统治者、群臣、护

卫等构成，即"天宫""天帝""天兵天将"等，而其中的"天帝"，就是老百姓们所祈求的"老天爷"。

天帝与母后交感而生的孩子，就是"天子"，"天子"是人间帝王的称谓。天帝与人间的关系以天子为媒介，集中体现在天子身上，臣民与天帝没有直接的关系，所以臣民敬天必须通过忠君来实现。"天子"是中国儒教的基本观念之一。

和哈勃望远镜观测到的浩瀚宇宙相比，战国衣箱盖面上的星宿形式太简单了，而汉代人们心中的天更是一个神化世界，但它们都是关于同一个天的若干展望，自古及今，日月依旧，"天"永远"至高无上"。当我们像"天"字的人形那样站立，把注意力放在自己的头部，抬起头，看看头顶之上，它就是"天"。

PART 02

日

　　日是象形字，取太阳之形，本义为太阳。日的甲骨文外形有方形、菱形、多边形等，刻划大体为方笔，偶见圆整。日的金文字形最像日，大体轮廓是个椭圆。但是，其中出现的圆点圆圈，或者小横小竖又意味着什么呢？一说古人发现太阳里有小黑点在移动，即现在科学家所研究证实的"太阳黑子"；一说为古代神话对太阳的想象，日中有神禽金乌。

　　说黑子是科学认知，它求客观；说金乌是异想天开，它带来故事。传说中，后羿射日，射中九日，死了九只金乌。《淮南子·本经训》："尧命羿仰射十日，中其九日，日中九乌皆死，堕其羽翼。"

　　距今2400多年的曾侯乙墓共出土文物1万多件，其中有一件"弋射图"

✕　日的甲骨文外形

✕　日的金文字形

彩漆衣箱。图案绘制于衣箱盖面上，共两幅，内容一致，形态稍有差异，基本上可以看作是同一幅，方向相对，分布于盖面两侧偏下的弧度里。

画面的主体是一人立于两树之间，腰佩一剑，举臂张弓，放箭而出，射中一只大鸟。大鸟翅膀摊开，双足无力垂下，正在坠落中。因是弋射，箭系着丝绳，缠绕着大鸟。

这个人就是传说中的后羿，鸟为金乌，树为大木（扶桑）。《十洲记》讲述了"扶桑"之名的由来："树两两同根偶生，更相依倚，是以名为扶桑。"

在两棵扶桑树顶端及枝端，那些带有线状光芒的小圆圈则为太阳。《山海经·海外东经》还指出了太阳居住的具体位置："有大木，九日居下枝，一日居上枝。"

✕　曾侯乙墓彩漆衣箱

✕　"弋射图"

※ 旦的甲骨文字形

※ 旦的金文字形

《淮南子·天文训》更是记载了日出的一段行历："日出于旸谷,浴于咸池,拂于扶桑,是谓晨明。登于扶桑,爰始将行,是谓朏明。"太阳从旸谷出发,在咸池洗浴,抵达扶桑,此时即晨明。登上扶桑树,于是开始运行,此时天刚发亮。

与"日"有关的"旦",下面一横代表地,太阳出现在地面上,天放亮了。旦,本义是早晨。下面那一横,在甲骨文、金文中一般分别写作独立的小空圈形和粘连的小实圈状,空圈是地面或水面,实圈指水面,太阳刚出,水日相连。

清代语言学家王筠在《说文释例》中的两句话把海上日出、平原日出的情态全都表达出来了:"吾闻之海人云:日之初出,为海气所吞吐,如火如花,承日之下,摩荡即久,日似决然舍去者,乃去海已高。余居土国,日出亦近似所言,但土气不如水气之大耳。"同一个太阳,出于地面有土气,出于水面有水气,境遇不同,景观相别。

19世纪下半叶,法国塞纳河河口北岸勒阿弗尔港晨雾中的日出,被一幅布面油画永久记录,它就是莫奈的《日出·印象》(1872年)。日出时,晨曦中所有事物都离开了固有色,被彼此的颜色、反光所改变,水面颤动,"如火如花"。

✕ 莫奈《日出·印象》

　　古人通过太阳与草木的关系，来估算太阳的位置与时间变化，日在树上为"杲" 杲 （天光大亮），日在草中为"莫" 莫 （通"暮"，夕阳西下），日在树下为"杳" 杳 （天昏地暗）。

　　晨昏暮晓，光明黑暗往复循环。时间自每个清晨来临，至每个夜晚离去。一日之计在于晨，雄鸡司晨报晓，人们在鸡鸣声中起床劳作或者远游。

　　"鸡声茅店月，人迹板桥霜。"（唐·温庭筠《商山早行》）茅店中的旅人听到鸡声，爬起来看天色，晓月余辉，趁早赶路。木板桥覆盖着寒霜，人迹依稀。

　　这一天就开始了，岁月就这样一日一日积累起来的。每个人都有属于他们自己的日子，以及"过日子"的方式。自古以来，中国人就体会到了人和其他动植物一样，在时间的长流中，都是有限的存在。"青青园中葵，朝露待日晞。阳春布德泽，万物生光辉。常恐秋节至，焜黄华叶衰。"（汉乐府《长歌行·青青园中葵》）。

令人警醒的是，"少壮不努力，老大徒伤悲。"

PART 03

山

"山"是象形字。甲骨文字形"𐊛 𐊛 𐊛 𐊛",勾勒出了三座连绵一体的山峰轮廓线;金文字形"𐊛 𐊛 𐊛 𐊛 𐊛",既沿用甲骨文的形态,又有新发明,或者是三座实心的山,或者是简化为三根线条;小篆字形"山",演化为平滑的线条,楷书字形"山",将线条作了平直处理。

在中国古典文化中,山集中了大自然的精神性特征,也形成了中国的隐士传统。中国人愿意居住其中,游历其间,获得关于宇宙、人生的种种启发。1989年,美国旅行家比尔·波特带着摄影师史蒂芬·约翰逊来中国探访隐者,并将中国人与山之间的这种秘密交流写入《空谷幽兰》中:"在整个中国历史上,一直就有人愿意在山里度过他们的一生:吃得很少,穿得很破,睡的是茅屋,在高山上垦荒,说话不多,留下来的文字更少——也许只有几首诗、一两个仙方什么的。他们与时代脱节,却并不与季节脱节;他们弃平原之尘埃而取高山之烟霞;他们历史悠久而又默默无闻——他们孕育了精神生活之根,是这个世界上最古老的社会中最受尊敬的人。"

南朝刘宋时期的山水画家宗炳(375~443年),写下了中国绘画史上第一篇山水画论,即《画山水序》,他认为自然山水和那些古代高人在精

神气质上是相通的，有大智慧，情怀高洁，所以这些高人都有游山居山的
经历：黄帝居于崆峒山中，黄帝见大隗于具茨山，尧让天下于许由，许由
遁耕于箕山之下，孤竹君之二子伯夷与叔齐隐于首阳山，"是以轩辕、尧、
孔、广成、大隗、许由、孤竹之流，必有崆峒、具茨、藐姑、箕首、大蒙
之游焉。"

至于宗炳自己，他早年游历过庐山、衡山、荆山、巫山，但此生有
限，无法遍游名山，"余眷恋庐、衡，契阔荆、巫，不知老之将至。"于是，
为了从这些山水中获得源源不断的精神上的启发，他就把它们一一画下
来，这样就可以一直观赏一直受益了。"身所盘桓，目所绸缪，以形写形，
以色貌色。""画象布色，构兹云岭。""于是闲居理气，拂觞鸣琴，披图幽

对，坐究四荒。”

画山水后来发展为中国绘画的独立画科——山水画，开启了人对山水的绵延千余年的事实记录与心灵映像。

宋代山水画是中国绘画的高峰。画家范宽（950～1032年），华原（今陕西铜川市耀州区）人，北宋前期山水画家，曾卜居终南、太华山林中，游名山，远观其势，近探其妙，山林间风雨晴晦、烟雾变幻，全部抟合于胸，得于心，应于手，陶融剪裁，精妙布局。他曾说，"前人之法，未尝不近取诸物，吾与其师于人者，未若师诸物也。吾与其师于物者，未若师诸心。"

范宽的《溪山行旅图》，画幅正中，"孤峰露苍骨，疏木耸坚干。"山峰迎面耸立，雄壮浑厚，巍然如壁垒。山顶覆有密林，山谷深处一瀑，跌宕

✕ 宋·范宽《溪山行旅图》

至崖面，一线直流而下，中途又作两股水流，如玉带悬挂垂落。

画面前景，"冈原草木秀，溪谷云霞媚。"岗丘之上，怪石箕踞，杂树丛生，山脚流水潺潺，山路上有一队驮马经过。画幅中腰，山岚雾霭，空濛一片，树巅露出楼阁。

远景崇山峻岭、中景烟岚寺观、前景巨石叠起，画作的视点一点点抬高，巧妙安排了三个空间段落：前景视点位于比巨石略高的位置，将巨石的正面与顶端全部收于眼底；中景的视点已高于楼顶，掠过高阜，而至于阜顶，掠过屋檐，而至于瓦片；远景的视点又升到远峰之上，俯瞰之字形的树丛。

画面变换了三个视点，像三处分镜头手稿，视点最后拼接，又好比电

✕ 宋·王希孟《千里江山图》（局部）

影拍摄后的剪辑。中国山水画是一部静止的电影，它想展现更多角度、尽量全面的美。

画家王希孟（1096～1119年）18岁时在不到半年的时间里绘制了《千里江山图》，在浩瀚的水土云气中缀有细小林木、房舍、板桥、舟楫与人。峰峦汀渚浸于大江，留白处通过舟或桥相继，藕断丝连，手卷绵延，目不暇接。仿佛依桥而筑群山，四段山脉因四架桥梁而立意：轩豁、箕踞、顾盼、朝揖。

18岁的年纪不太可能走过那么多山那么多桥，除了他本人的经历外，王希孟作为北宋画院的画学生，一定阅览过历代流传下来的古画，从前人作品中吸收了山水的经验，然后在自己的绘画中延续了前人与山水的故事。

中国绘画中的山水画体现了中国人的自然观，画家们一遍遍地揣摩自然的每一个细节，直到自己进入其中，融入其中，确认自己是它的一部分。

PART 04
水

　　"水"是象形字，"水"的甲骨文字形""，中间是一条（或两条）曲线，表示弯弯曲曲的水流之形，两边各辅以两点（或三点），似流水。"水"的金文字形"　"，固定为一条曲线加四点。"水"的小篆字形"　"，将四点拉长，成为随中间曲线律动的四条短线，楷书"水"，在此基础上作了直线处理，已经看不出水流之形了。

✕　泉州清源山的宋代老子石像

水在中华民族的繁衍生息中具有重要意义，中国是人类发源地之一，是世界上发现古人类化石最多的国家。黄河、长江流域是孕育中华文明的摇篮，分布着众多的古人类遗址。

中国古代思想家从水的特性与作用中汲取关于宇宙人生的智慧。"天下莫柔弱于水，而能攻坚强者莫之能胜，以其无以易之。"（老子《道德经》第78章）

水的特性是"柔"，但"柔"中却包含了坚忍不拔的性格：水滴石穿；因此，水性被赋予了德行完善的人所具备的品质："上善若水，水善利万物而不争，处众人之所恶，故几于道。"（老子《道德经》第8章）

水善于滋润万物而不与万物相争，停留在众人都不喜欢的地方，别人不愿意做的事它去做，别人不想去的地方它去，它竭尽所能奉献自己，而不与别人争名争利。其中，"水善利万物而不争"还可以进一步阐释为：水随顺万物（"善利万物"），不与万物较劲（"不争"），根据所置身的情境而变化，能适应万物的形状。

这一点，一代武打巨星李小龙曾以水作喻来表达对功夫的体会：摒除杂念。千变万化于无形中，就像水入杯，即为杯形，入瓶，即为瓶形，入壶，即为壶形。静，若行云流水，动，则骇浪滔天。

中国古代画家深入观察水的各种形态，将水的千变万化直观细腻地表现出来。明代王整为马远《水图》题跋中道，"山林、楼观、人物、花木、鸟兽、虫鱼，皆有定形，独水之变不一，画者每难之。"尽管水最难画，然而山水画中多有流水表现，泉水、瀑布、溪涧湖塘、江海波涛皆为画作的一部分。南宋马远的《水图》更是独以水为画面表现对象。

《水图》原为十二幅册页，后来合裱一卷，每幅均有南宋宁宗皇后杨氏题写图名，其中一幅缺半，故无图名。从第二幅到第十二幅的图名依次是：

✕ 南宋·马远《水图》之长江万顷

✕ 南宋·马远《水图》之云舒浪卷

洞庭风细、层波叠浪、寒塘清浅、长江万顷、黄河逆流、秋水回波、云生沧海、湖光潋滟、云舒浪卷、晓日烘山、细浪漂漂。这些图名有助于认知不同形态下的水之动态。

《水图》展现了江、河、湖、海、春、夏、秋、冬等十二种情态各异的水之细部描摹，像一部关于水形的教科书。长江万顷之开阔、黄河逆流之雄健、洞庭风细之静美、云生沧海之邈远，江河湖海各俱风貌；晓日烘山之清新、湖光潋滟之朗润、秋水回波之明丽、寒塘清浅之寂寥，春夏秋冬俱生气韵；层波叠浪、云舒浪卷、细浪漂漂，直观水之舞蹈细节。明代吴宽题记中赞道，"观此十二幅，曲尽水态""盖真知水者"。

宋真宗天禧三年（1019年）的状元，官至殿中丞的王整在题跋中引用苏东坡的观点，说两孙，即晚唐孙位（唐末书法家，擅画人物、鬼神、松石、墨竹以及宗教人物，龙水尤为著名）、北宋孙知微（北宋初年著名画家，擅画佛道像，尤长于龙水）是最会画水的，"尽水之变"，两孙之后就没人画得这么好了，"两孙死，其法中绝。"但马远的《水图》中所表现的水的千般变化却修正了苏东坡的观点，"今观远所画水，纤余平远，盘回澄深，汹涌激撞，输泻跳跃，风之涟漪，月之潋滟，日之苟蠹皆超然有咫尺千里之势，所谓尽水之变，岂独两孙哉！"

先民依水而居，水是生存之源；思想家以水喻道，水是智慧之源；画家观水摹水，水是审美经验。

PART 05

木

　　"木"是象形字，像一棵树的形状。"木"的甲骨文字形由树干、树枝与树根构成，金文字形略作曲笔，小篆字形将树枝与树根的笔画作了对称弧度的表现，楷书字形将上下弧度分别改作横、撇、捺，一棵树的形象经过演变后更为符号化了。

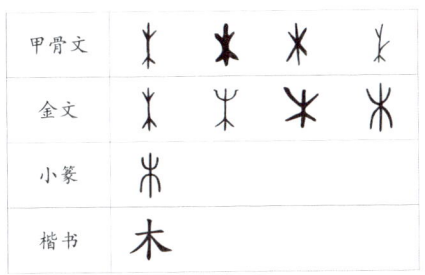

甲骨文				
金文				
小篆				
楷书	木			

　　中国古代建筑的主要构材是木料，采用"构架式"结构原则，像搭积木一样，先设四根立柱，在柱顶前后左右再来四根木料，形成一个坚固的方框，这就是一"间"。屋顶的设计以立柱上面的四根木料为基础，前后的横木称为"枋"，左右的横木称为"梁"，逐层追加，长度依次缩短。于是

形成斜坡屋顶，铺上木板，再覆以瓦片或稻草茅草等，用来加固、保暖等。

一座建筑物一般由若干"间"组成。这种以"间"为单位的构架，由立柱和梁枋来进行承重，所有的墙壁，无论是砖石还是木板材质，均为"隔断墙"。由于墙壁不用承重，所以，墙壁完全根据房间空间分布的需要进行砌设，同时，门窗的设置也只要考虑便捷、采光即可。

横木与立柱得以承重的关键在于它们之间过渡处的构件，这一构件由横材方木相互垒叠，即"斗拱"。斗拱将上部结构的重量进行分配，由此转移和减轻了立柱的承重。这一间间结构严谨的木框成为中国建筑的骨架，随着时间的推移，咬合越来越紧密，抗震性能好；木料能随着季节变换伸缩应变，中国木构建筑能适应中国辽阔疆域的各种自然环境、气候条件，由沙漠至长江、黄河流域及沿海，自热带至寒带，形成中国特有的建筑体系与风格。

从一座座小房子，到世界上最大的皇宫——紫禁城，中国木构建筑蕴含着这个民族对于树的深厚感情，对于木材的深刻了解。

这种了解既包含实用功能，又具有审美之需，画家将对树的观察领悟为美的形式。一棵树也要画得姿态万千，树干要分出阴面阳面，树枝要有长有短，要讲究粗细之别、高下参差。画树，"直若路之分歧，熟之则四歧之中面面有眼，四歧之外头头是道，千头万绪由此而出。"(清《芥子园画传》)

两棵树在一起要注意直斜、高矮、大小、前后等的表现，尤其是大小的搭配还拥有了人之常情的意味："一大加小是为负老，一小加大是为携幼，老树须婆娑多情，幼树须窈窕有致。如人之聚立相互顾盼。"(清《芥子园画传》)

三棵树组合在排列形式上可选择"两大一小"或"两小一大"，形成奇数与偶数、多与少、疏与密、聚与散的构成，或交互或对立的关系。五棵树的组合在这个组织原则基础上进行延伸，可以按排列出"二、三""四、一""二、二、一"等，并以此类推千万株数的组合。

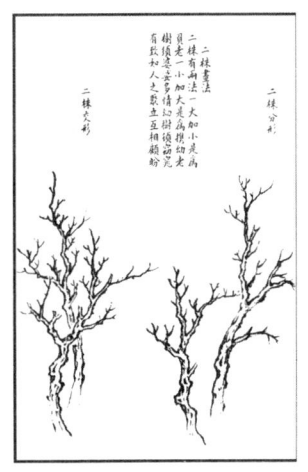
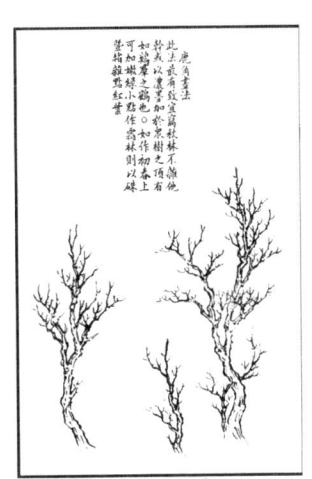

✕　《芥子园画传》树谱

✕ 北宋·米友仁《潇湘奇观图》

从丛生的树中提炼美的组合方式，从对树枝、树根的观察转入树与万物、墨彩的联系，恍如鹿角、蟹爪、遗世仙人若隐若现。秋枝如鹿角，用笔错落向上，笔笔挑出，这就是鹿角法。《芥子园画传》云："或以浓墨加于众树之顶，有如鸡群之鹤也。""作霜林，则以朱暨赭杂点红叶。"寒枝如蟹横行，则笔笔横出为弧形蟹爪，这是蟹爪法。悬崖边的树木，常常嵌石漱泉，树根暴露在外，如"遗世仙人，清癯苍老，筋骨毕露。"

一棵树的细节值得细细品味，认真记下，也可以成为幽眇的意象，在眼前萦绕，于心中徘徊。宋朝的米友仁绘制的《潇湘奇观图》中的山石、树木均用水墨点成，树干及树枝皆以没骨法（中国画手法，即直接用彩色

作画，不用墨笔立骨的技法，最早为南朝画家张僧繇于557年始创，其形式是用青绿重色画的山水画，并染出明暗部分）画出，树叶则以或浓或淡的墨色参差涂染。这是米友仁所熟悉的潇湘奇观，"晨晴晦雨间"，变化万千。

木是中国建筑的主要材料，人们称盖房子为"大兴土木"，木与人们的民生日用密切相关，人们也从中获得关于天道人世运作的一些道理，如枯木逢春、独木不成林、良禽择木、缘木求鱼等。木一方面成为中国艺术的重要审美意象，一方面又作为中国古代哲学思想"五行"学说的一部分，与金、水、火、土四种物质，一同被视为构成万物的基本元素，用于解释宇宙天地之生成及运行变化。

PART 06

神

　　"神"的金文字形中有写作"申"的，申，就是电，闪电的电光之形。申、電、神，本来是一个字。为了区别，加雨字头表示電，特指下雨情境下的雷电；加示字旁，表示神。甲骨卜辞中"示"是天神地祇、先公先王之通称，后来，"示"将异常的自然现象（禾生双穗、地震、两头蛇……）

金文	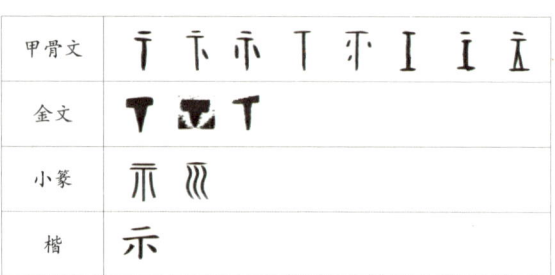
小篆	
楷书	神

✕　"神"的汉字演变

甲骨文	
金文	
小篆	
楷	示

✕　"示"的汉字演变

与人事的预兆相联系，所以，汉字中凡是与鬼神祭祀之事有关的都以"示"为意符。

对古人而言，自然现象中最令人惊怪的莫过于闪电之电，莫测无端，威力无比，所以，人们最早是将闪电认作神，从而一切神秘无法解释之物、现象均称神，则有天神及各种神灵。

长沙子弹库战国木椁墓出土的楚帛书记载了伏羲、女娲创世的神话。伏羲、女娲为创世二神，结为夫妇，生四子，开天辟地，令星辰有序，四时更替。文献中所记的伏羲、女娲在后世的流传中，渐渐形成伏羲女娲图，二神分立或作交尾造型，双手分持规与矩，显示两者分别为日、月与阴、阳的象征，寓意再生重生，蜕变与新生。东汉早期的伏羲女娲图更是直接手执灵芝，表达仙道长生的追求。

这与汉代以黄老之术治国、道教思想盛行有关，伏羲女娲图慢慢成为道教神仙谱系的一部分，在墓葬艺术中传达生死意识，表达阴阳相生，死者再生的主题。

在山东、河南、陕西、四川等地的汉代墓葬中，伏羲女娲图一般出现在墓门石柱、石棺、墓室石壁上，以及墓室顶的画像石、画像砖、壁画、帛画、铜镜、漆画等。

道教神仙谱系在汉代以西王母神话图像系统最为突出，从西汉昭、宣年间（前86~前49年）的洛阳卜千秋墓中的壁画到东汉建安年间（196~220年）的铜镜，均可见到西王母形象。图像形式一般为，以西王母为核心，西王母坐在龙虎座或悬圃上，周围辅以诸如捣药兔、三足乌、九尾狐、蟾蜍、羽人等众多从属神祇。

在以西王母为核心的图像模式中，西王母端坐中间，一般左右为人首蛇身的伏羲和女娲，二者的尾部通常交缠在一起。西王母为西天主神，西方是日落之处，象征着死亡，所以，西王母是死神、司命之神；伏羲、女

✕ 滕州汉画像石馆汉代画像石——《西王母与伏羲女娲图》

✕ 新疆哈拉和卓古冢出土的唐初（公元 7 世纪前期）《伏羲女娲图》

娲在死者魂灵升天图系统中象征再生。

20世纪六七十年代在新疆吐鲁番发掘的哈拉和卓古墓群，包括了从公元3世纪后期至公元8世纪后期的数量庞大的文物，其中就有一副非常有名的伏羲女娲图，现藏于中国国家博物馆。图中的伏羲、女娲上半身为人形，侧身相对，彼此揽腰，下半身为蛇形，缠绕交织。二神各扬举一手，伏羲执矩，女娲执规。规画圆，矩画方，对应天圆地方的早期自然认知。

伏羲、女娲身后是深渺的宇宙景观，分布着大小不一的小石块，代表天宇星宿。上方一圆形是太阳，中有展翅三足乌；下方隐约桃形是月亮，中有捣药玉兔、桂树、蟾蜍。

在日月显明的繁茂众星间，伏羲、女娲身姿优美，露出自信的表情，女娲额眉间贴有花钿，伏羲外着翻领大袖衫，蛇身呈西域风格的装饰纹样，这是关于新生的呼唤，也从侧面反映了当时的政治环境。当时正值唐初贞观之治（627~649年），政治清明、经济复苏、文化繁荣。

中国神的塑造或许反映了人对自身局限的认知与补偿，自然界那些很"神"的事物似乎也提醒着人们，在人之上确实存在着更高更强更完美的形式，所以就把这一切赋予了神。

当然，不同的文化心理会创造出不同的神。中国的神都是至高无上，完美无缺的，西方的神都带有人性的缺点和弱点，更接近于人类本身。以古希腊神话中的神为例，他们可能并不具备道德优势，相反，他们往往是人性弱点的表现者，甚至是放大者，人们仿佛是有意发明了这样一些神，把人性的弱点都极端化为"神"，作为镜子来省察自身。人到底能坏到哪里去呢？让神来试试看。

PART 07
鬼

　　鬼的甲骨文字形是一个或跪坐或站立的人形，顶着一个又大又怪的脑袋，像巨首人身之异物，有时也加上"示"，强调与神道祭祀有关。

　　《说文解字》解释"鬼"，认为"人所归为鬼"，即人最后的归宿就是"鬼"。《礼记·礼运》将人的生命分为两部分，即魂气与形魄，"魂气归于天，形魄归于地。"人归向天地，就变成了鬼。鬼的本义就是指人死后的"精灵"。

甲骨文	𤰒 𤰒 𤰒 𤰒 𤰒 𤰒
金文	𤰒 𤰒 𤰒 𤰒
小篆	𤰒 鬼
楷书	鬼

　　人将死后的神秘形态用"鬼"来称呼，用"异"来表达，奇异、惊异的"异"，甲骨文的字形就是双手上扬挥舞的鬼。鬼是一个异样的存在，鬼的小篆字形甚至加了一个"厶"，反映了人对这一不可知的事物常常怀有的恐怖、畏惧心理，"鬼阴气贼害"。"畏"的甲骨文字形恰恰就是鬼拿着武器

的状貌，可见来自鬼的威慑力因持有武器而更加强化了。

　　然而，在中国历史文化语境中，我们却拥有各种美善、有趣、自由之鬼，它们在文字里缱绻缠绵，仗义抒怀，勇敢果断；在绘画中虚虚实实，轻盈飘逸，在这个世界中代表着超越的、理想性的存在。

　　清代小说家蒲松龄（1640～1715年）创作了鬼怪故事集《聊斋志异》，"聊斋"是书斋名，"志"是记录，"异"就是奇闻逸事，多指鬼故事。《聊斋志异》共写了491篇鬼怪故事，一经问世就风行天下，将中国古代文言短篇小说发展到了一个新高度，人称"流播海内，几千家有其书。"

　　蒲松龄写鬼，创造了一个美好的鬼世界。其中，"使花妖狐魅，多是人情，和易可亲，忘为异类"（鲁迅）。这是一部慰藉之书，像要补足这一生的缺憾。蒲松龄早年即有文名，但科举之路非常坎坷，始终未中举，因此他对科举制度的不合理之处深有体验。他长期为塾师、幕友，本想搜集一些精怪鬼魅的奇闻逸事，续写南朝刘义庆及其门客撰写的志怪小说集《幽明录》，但最后他却发现自己写成了"孤愤之书"。

　　跨越世俗礼教就能获得爱情，但是人不敢；颠覆科举制，为真才实学提供其他路径，但是人不敢；树立起正义公平的力量来扭转丑恶的官场，但是人不敢，因此只能寄希望于拥有超能力的他者。

　　蒲松龄感慨，"寄托如此,亦足悲矣。"甚至自嘲："惊霜寒雀,抱树无温;

吊月秋虫,偎阑自热。"但他最终还是体察到这个鬼世界带给自己的力量,"知我者,其在青林黑塞间乎!"

清代画家金农(1687～1763年)画有《鬼趣图》,自称"戏笔",山林间鬼魅游荡无形,仅用轻弱的线条勾勒,墨不着身;草草几下枯笔,生动有趣。

在雨点般的落叶间,共有十只鬼。男女老少,或匍匐、蹲伏,或斜倚、攀缘,似有若无,虚虚实实,憨态可掬,与周围的情境融为一体。在这一群憨萌群鬼之上有金农题字,似乎在故意吓唬观者,"悠悠行路之人,慎莫逢之,不特受其所惑也。"

收藏者于图册裱边处小心记下:"此册携入都门,有人酬以三百金未忍割爱也。"人们爱这些鬼。

近现代画家溥心畬(1896~1963年)的八帧《鬼趣图》也是取鬼无形之状,画面处理为影子的形态,他说,"新鬼浓且腴,故鬼澹且枯"。新鬼刚断

✕ 清·金农《鬼趣图》(局部)

✕ 溥心畬《鬼趣图》

人气儿，尚有血肉之感，所以墨色尚浓。相比之下，老鬼则枯淡轻盈。

"精灵"之鬼，"所贵忘形骸，其乐洋洋焉。"悄无声息，无拘无束。时而山尖手舞足蹈，时而俯身跃入大河，纵情山水之间。险峻断崖间不惊不惧，随处随时可喜可舞，"陶然似作欢，踊跃落山叶，舞尽无余声，秋云澹相迭。"

人死之后会发生什么变化？死后的人将居住于何种世界？中国文化中的鬼寄予着中国人对不走运的人生、对不完美的世界的温柔期待与热烈想象。比较而言，西方的鬼文化更多地充实了与死亡相关的种种恐怖的内容，比如吸血鬼的恐怖传说；或者保留恐怖的意象，使之转化为具有狂欢色彩的种种有趣的活动，比如万圣节。人鬼殊途，人又与鬼密切地"生活"在一起。

PART 08
礼

　　"礼"的繁体字写作"禮"，它的本字是"豊"。"豊"字形成于周代，它和另外一个字"豐"（丰）是同字。字形均是"豆"中盛着两串玉，豆是用来盛放食物的容器，像高脚盘；玉是古人祭天的贵重祭品。由于豆中盛满，所以，"豐"有丰盛、丰富的意思，是形容词；另造了"豊"表示祭祀中的礼器、供品等，后引申为礼仪、制度，是名词。

　　祭拜天神和先祖的仪式是远古时代最重大的社会活动之一，需要遵循严格庄重的程序和范式。"礼"就从祭祀活动中的物件，逐渐发展演化成基

✕　豆，商代（前 1600～前 1046 年），豆圆口、浅腹、直壁、高圈足。口下饰凹弦纹一周、腹饰圆涡纹、足饰凸弦纹二周。器内底铸铭文 □ 字，代表器物所属者的族徽。

本规则，保证祭祀仪式按程序和规矩顺利进行。

周代（前1046~前256年）祭祀用的主要祭品包括玉器、酒、牺牲、黍稷等，牺牲主要指牛、羊、猪。盛装这些祭品的器物均为青铜器，它们多为实用功能的酒器、炊器与食器，盛酒的有觚、爵、斝、觯、卣、罍等，盛牺牲的有鼎、鬲、甗等，盛黍稷的有簋。

这些器物的称谓在甲骨文中几乎都为象形字，从甲骨文中即可辨识出器形的基本风貌，只有"觚""觯"为《说文解字》中的小篆形，它们的器形可见北京故宫博物院的藏品。

觚	爵	斝	觯	卣	罍	鼎	鬲	甗	簋
𩱏	𢆶	𢆷	𩱏	𠧟	𢆺	𩱒	𢆻	𩱓	𠥓

在各类祭祀仪式中，人通过这些具体的物质与天地、祖先、神祇进行交流，秩序、身份、地位和与之相应的权利义务都做了相应的划分。在这一过程中，古圣先哲们将对天地神明的祭祀礼仪规矩引申到世俗社会，期待建立稳定平和的社会政治与人文秩序，进行有序的生活。

礼开始演化为一整套的社会规范，用以规范和治理社会，形成良好的政治秩序。从居住、日用、出行到墓葬等都有详尽的规定，在城池建设上，"天子之城方九里，高九仞；公侯方七里、高七仞；侯伯方五里、高五仞；子男方三里，高三仞。"（明·宋应星《天工开物》）礼器使用上，"天子九鼎，诸侯七，大夫五，元士三也。"（战国·公羊高《公羊传》）在乘舆使用上规定："天子驾六马，诸侯驾四，大夫三，士二，庶人一。"（战国·淳于髡《逸礼·王度记》）墓葬方面，根据死者的爵等来决定坟丘高度和树

✕ 受觚

✕ 蝉纹觯

数：“天子坟高三仞，树以松；诸侯半之，树以柏；大夫八尺，树以药草；士四尺，树以槐。”（东汉·班固《白虎通·崩薨》）

春秋以降（前770~前476年），"礼崩乐坏"，传统贵族政治及法律秩序被打乱，儒家鼻祖孔子（前551~前479年）以"克己复礼"为职志，希望回归"礼乐征伐自天子出"的理想时代。《史记·孔子世家》记载，孔子从小对"礼"就怀有亲切感与敬慕之心，"为儿嬉戏，常陈俎豆，设礼容。"和一般儿童玩耍的内容不一样，孔子经常把祭器摆列出来，行敬奉之礼。

随着秦朝（前221~前206年）中央集权制新秩序的建立，礼从政治内涵、国家管理层面退隐，内化为人与人之间的行为准则。礼通过多样化的仪式来传达，这就是礼仪；礼凭借具体的物品来表达心意，这就是礼物；从敬神引申为敬意的态度，这就是"礼貌"；内在的尊重之心表现为一定的动作，这就是"礼节"。

绵延两千多年的"礼"文明，从礼拜天地、国家治理层面直至渗透到日常生活的伦理规范中，当中国人见面习惯性互相拱手、作揖，用诸如此类的动作规约着人和人交往的形式，我们说这是"知礼节"；当一个人的言语、行动表现出恭敬之态时，我们说这是"懂礼貌"。礼，这一庞大的体系确立了人与天地的沟通方式，人在社会组织中的位置，人与人之间的行为方式，它的起点却可以还原为一个"豆"。"豆"中盛着两串玉（"豊"），这是一种真实的祭祀情境。

甲骨文	（字形）
金文	（字形）

"豆"，象形字，金文字形比甲骨文字形多了一横，代表豆的盖子。豆最初是一种陶器，用于盛放食物，主要是盛放黍、稷等谷物，后来随着其他器形的发展，豆又专门用于盛放腌菜、肉酱等调味品了。豆中盛玉，已是豆从陶器演化为青铜器的阶段了，功能也从食器转化为礼器。

豆中盛玉即"豊"，从"豊""豐"到"禮"，再到"礼"，"礼"的演变，意味着中华民族从饮食之需走向文明之光的漫漫征途。

PART 09

乐

　　"乐"是象形字。"乐"的甲骨文字形由"丝"与"木"组成，木上附丝是古代琴的基本造型。"乐"的金文添加了字形"白"，"白"被认为是大拇指的形象，或者是"调弦之器"，新字形的补入完善了乐器弹拨演奏的功用与形态。"乐"的繁体字为"樂"，这一字形基本构成与金文同。

　　周朝（前1046~前256年）乐器分为八类：金、石、丝、竹、匏、土、革、木，其中"丝"主要指琴、瑟。《乐记》（创作于公元前1世纪，西汉成帝时期，是中国最早的一部具有比较完整体系的音乐理论著作）在追溯乐的历史时，是以"五弦之琴"作为源头的："昔者舜作五弦之琴，以歌南

甲骨文	
金文	
小篆	
楷书（繁体）	
楷书（简体）	

风，夔始制乐，以赏诸侯。"后来的《宋史·乐十七》更是直接表明"丝"在乐中的地位，琴在丝中的地位："八音以丝为君，丝以琴为君。"

《乐记》中记载的"乐"的形式是由人的歌唱、乐器的演奏、舞的参与三者共同实现的。其中，乐器演奏以琴瑟为主导。周乐《大武》是中国历史上非常有影响的传统舞蹈，是歌颂周武王伐纣获得胜利的乐舞作品。《礼记·乐记》中对大武乐的描写，提及人声、乐器、舞蹈的层次安排时，指出琴瑟具有修饰人声的功用。"然后发以声音，而文以琴瑟，动以干戚，饰以羽旄，从以箫管。"人声在琴瑟中回荡，表演者拿着盾牌（干）、斧钺（戚）、雉尾（羽）、旄牛尾（旄）进行舞蹈。

在中国的礼乐文明传统中，礼是规范，乐重疏导，礼乐合一的理念将艺术的情感濡染与社会政治治理结合为一个互补支撑的体系。乐通过歌唱来导引人的情绪、情感，通过不同性质的乐器来激发人的性情、品德，通过肢体动作来让身体处于灵动、舒畅的状态。

随着春秋战国时期（前770~前221年）政治的变迁，原有社会等级关系的变动、瓦解、重组，乐不再限于庙堂聚会，所以乐的形式也发生了变化，人声、乐器、舞蹈开始分离，弦乐器由于易于制作、便于携带，适合即兴演奏，依然是八音（钟、磬、琴、箫、笙、埙、鼓、祝）的主导。历史仿佛又回到了"乐"最初的字形，"弦附于木上"。

2016年，湖北枣阳郭家庙墓地发现了较为完整的琴和瑟，距今2700年，为目前出土最早的琴瑟。湖北枣阳郭家庙曾国墓地是春秋早期的一处遗址。

墓中出土的琴长约92厘米，宽约35厘米，通体略似高髻人形，箱体整木斫成，髹黑漆，属于"半箱琴"。琴龙龈处有较深的过弦痕迹，首岳山嵌入琴体，旁有弦孔若干。瑟长180厘米，宽34厘米，瑟枘是羽人的形象，

✕ 元·王振鹏《伯牙鼓琴图》

弦孔和首岳亦很清楚。此前我国从未发现相对完整的春秋早期的瑟。

乐通人心。《列子·汤问》记载的"知音"就是从音乐而"知心"。春秋时期，伯牙鼓琴，钟子期听琴，伯牙弹什么，钟子期都能心领神会，二人由于乐音而心灵相互交通。"伯牙鼓琴，钟子期听之。方鼓琴而志在太山，钟子期曰：'善哉乎鼓琴，巍巍乎若太山。'少选之间而志在流水，钟子期又曰：'善哉乎鼓琴，汤汤乎若流水。'钟子期死，伯牙破琴绝弦，终身不复鼓琴，以为世无足复为鼓琴者。"

"兴于诗，立于礼，成于乐。"（《论语·泰伯》），诗、礼、乐是培养君子良好的人格品性的必要条件。通过"诗"将内在的自我释放、表达出来；经过"礼"的锻炼，说应该说的，做应该做的；最后经"乐"的调理，身心自由自在又符合章法。那个身心自在的状态，经过了文化的熏陶，自得其乐，所以，"乐者，乐也。"乐，就是快乐的意思。

PART 10

诗

"诗"是形声字。古代中国诗歌理论《毛诗序》曰："诗者，志之所之也。在心为志，发言为诗。"

中国古代文学体裁发展的基本脉络是：诗经、楚辞、汉赋、六朝古诗、唐诗、宋词、元明戏曲、清小说。唐诗宋词是中国诗的高峰，中国诗的传统长盛不衰。

关于中国诗最早的记录是，上古葛天氏之民"三人操牛尾，投足以歌八阕"，虽然这八阕歌都留有名字，一曰《载民》、二曰《玄鸟》、三曰《遂草木》、四曰《奋五谷》、五曰《敬天常》、六曰《达帝功》、七曰《依地德》、八曰《总万物之极》，但是这些最早的歌谣的具体内容并未流传下来。我们目前见到的先民的歌咏均保存在《诗经》中，这是中国最早的诗歌总集，收集了西周初年至春秋中叶（前11世纪至前6世纪）的诗歌，诗风朴质，反映了周代社会生活的方方面面：农事、爱情、婚姻、祭祖、宴会、战争、徭役、天象、地貌等。

战国时代（前475～前221年），是中国历史上的大变革时期，政治秩序重组，知识分子投身于政治舞台，深感理想与现实之间的巨大张力，他们发出沉郁愤怨的悲歌，以屈原《离骚》为代表的"楚辞"与《诗经》风格迥异。

汉（前206～220年）以后，在大一统的政局下，出现了铺排华丽的汉赋，歌咏大汉帝国的浩荡国势；同时，民间乐府承继了《诗经》的风貌，抒发着对人生根本问题的感触与思考，时间、生死、爱恨、离情等。

六朝时（222～589年），时局动荡，国家飘零，人世乱离，诗风多变，外境与人心相互对照均表现于古诗、乐府的质朴语言上。

唐朝（618～907年）时的中国是当时世界上最强盛的国家之一，中外文明广泛交流，唐人的国风、气度与情怀独树一帜，唐诗的诗体完善与题材表现造就了中国诗史上的巅峰。

五代（907～960年）暨宋（960～1279年），新兴的诗体为词，词是合乐的歌词，句子有长有短，便于配合音律歌唱。宋词与唐诗，各极其美。

唐诗宋词铸就了中国诗的巅峰。此后，中国文学史上文体的代表尽管是（元）曲、（明清）小说，但是诗词作为独立的文体还在延续，况且，诗词也出现在曲与小说的创作中。近现代以来，中国诗歌一直在寻找现代中国的形象与精神，激进、忧思、徘徊、坚韧、奋起……中国诗敏锐地捕捉着中国人的心声。

中国诗用心传达自然的美好，也把自己巧妙地安放其中，得其眷顾：

天地连接。草原辽阔苍茫，天空犹如一顶巨大的毡布帐篷，覆盖下来："天似穹庐，笼盖四野。"（北朝乐府《敕勒歌》）

六月夏日的清晨，西湖莲叶挨挨挤挤，绵延向远，接到天边："接天莲叶无穷碧，映日荷花别样红。"（杨万里《晓出净慈寺送林子方》）

天水交融之间，启船张帆，行于水上，在天空的背景里渐行渐远，直至消失，水天相接处，唯有大江涌流："孤帆远影碧空尽，唯见长江天际流。"（李白《送孟浩然之广陵》）

或者正好相反，有一叶孤舟悠悠来自天边："两岸青山相对出，孤帆一片日边来。"（李白《望天门山》）

我们目睹自然界的各种细微变化。风雨雪雾、烟霭岚光，山水林木：

叶落、花开、浪头高起、竹林一边倾倒，这是风的力量与表现，这是风排演的电影："解落三秋叶，能开二月花。过江千尺浪，入竹万竿斜。"（李峤《风》）

深入它的细节则是，"裁"出细叶的为"二月春风"（贺知章《咏柳》）；"花落知多少"源自"夜来风雨声"（孟浩然《春晓》）。

雨在春天的夜里悄然而至，如暗夜中的一点微光："野径云俱黑，江船火独明。"必会滋润万物，鲜花盛开，由微光而为大光明："晓看红湿处，花重锦官城。"（杜甫《春夜喜雨》）

山覆茂林，偶有落日余晖晃入一瞬，落在青苔之上，恰如人声时有时无。在山林沉寂的背景中，光与声倏忽而来，倏忽而去："空山不见人，但闻人语响。返景入深林，复照青苔上。"（王维《鹿柴》）

水有缓急浅深。夜色中的洞庭之水，安静柔和，迷迷蒙蒙，如未磨的青铜镜面："潭面无风镜未磨"（刘禹锡《望洞庭》）；颠崖峻壁之间，一水飞出："飞流直下三千尺，疑是银河落九天。"（李白《望庐山瀑布》）

这就是我们赖以生存的家园，我们存在的基础，纵使遇到生存危机，要在太空中寻找新家，我们也要把老家带着，带着地球去流浪，这就是刘慈欣的短篇小说《流浪地球》最动情之处。纵使我们不得已要去别的星球生存，我们也要保留在地球上的生活经验，就像电影《星际穿越》中土星空间站上播放着人类的生活影像，这是地球人类文明的宝贵遗产。

把自己安放在自然里，随时跟着它的节奏，进入它的情态：

让春光懒困的身心随着和煦的微风，融汇着慵懒的气息，拜访寂静无

✕ 宋·萧照《秋山红叶图》

✕ 宋·佚名《溪山风雨图》

儿童散学归来早
忙趁东风放纸鸢

✕ 丰子恺漫画《村居》

人之处的一簇桃花，欣赏它们或深红或浅红的花瓣："春光懒困倚微风"，"桃花一簇开无主，可爱深红爱浅红？"（杜甫《江畔独步寻花》）

杨柳在春天的润泽气氛中，微醺般摇曳，孩子们沉浸在放学后放风筝的快乐里，和杨柳一样，焕发着生机，在春日里沉醉："拂堤杨柳醉春烟""忙趁东风放纸鸢"（高鼎《村居》）。

山前白鹭飞翔，水中鳜鱼肥美，纵使斜风细雨弥漫，也并不躲避，而是乐在其中："西塞山前白鹭飞，桃花流水鳜鱼肥。青箬笠，绿蓑衣，斜风细雨不须归。"（张志和《渔歌子》）

横在渡口处的小舟，与野外涧边的青草和茂密树冠中的鸟鸣，在气质上找到了共鸣："独怜幽草涧边生，上有黄鹂深树鸣。""野渡无人舟自横"（韦应物《滁州西涧》）。

把自然当作亲密的伙伴，它无处不在，无论何时何地，都有来自自然的牵挂与慰藉：

隐者山居前有一条小河，一片农田和两座山峰，在自然的环抱中，山水皆有情："一水护田将绿绕，两山排闼送青来。"（王安石《书湖阴先生壁》）

拜访老友，敲了很久的门也没有人来开，倒是一支逾墙的红杏出来打招呼。"小扣柴扉久不开""一枝红杏出墙来"（叶绍翁《游园不值》）。

一轮明月普照四方，既照在此时的床前地上，也照在家乡的水土上，诗人身在异乡心感如霜，通过月亮去传达一段乡愁，也把心里怀念的故乡细数在眼前："举头望明月，低头思故乡。"（李白《静夜思》）

"月色入户"，向处于人生低谷的人发出邀请，指引着他"欣然起行"去看望澄澈的月光，为其呈现了一个水中世界般空灵的境界："庭下如积水空明，水中藻、荇交横，盖竹柏影也。"（苏轼《记承天寺夜游》）

唐诗宋词铸就了中国诗的巅峰。此后，中国文学史上文体的代表尽管是（元）曲、（明清）小说，但是诗词作为独立的文体还在延续，况且，诗词也出现在曲与小说的创作中。近现代以来，中国诗歌一直在寻找现代中国的形象与精神，激进、忧思、徘徊、坚韧、奋起……中国诗敏锐地捕捉着中国人的心声。

PART 11
艺

　　"艺"的甲骨文字形大致有两种，一种是一个侧面人形双手擎举植物的苗株准备栽种培植，这个动作似乎隐含了一种期待；一种是一只侧面手形将植物苗株植入土内，凸显植株生长的意象。所以，"艺"的本义是栽种培植。

　　"艺"的金文字形细化了构字理据，完善了表意功能。或者同时强调植株入"土"与人的主体角色；或者增加了人的双臂交叉在前的符号，表示

甲骨文	� 𡫤
金文	𡘆 𡫥 𡫦
战国文字	𡫧
篆文	𡫨
隶书	藝 藝 藝
楷书	藝
简体	艺

这一从事栽种培植劳动的人的身份为女性。"艺"的小篆形体将金文形体进一步规范化与线条化。

"艺"字的小篆形体经过隶变以后，出于字形架构匀称等方面的综合考虑，隶书形体增添了两个构件：上部的草字头（艹）与右下部的"云"。"艺"字的隶书形体再经过楷化，便是现代楷书的"藝"字。"艺"是"藝"的简化字。

人用心栽种培植一株植物，从"艺"的字源字义来理解中国艺术，可以体会到一种独特的生命精神，就是全身心地投入到一种做事的状态中，人和事交融一体，人在事中完成自我的修炼。这种人和事一起改变的创造性行为，在艺术创作中表现最为明显，又普遍地存在于将一切事情做到最好的状态中。《庄子》中的"庖丁解牛""梓庆削木为鐻""佝偻者承蜩"的故事，都是对这一状态不同层面的描述。

《庄子·达生》中"梓庆削木为鐻"的故事，讲的是有一个叫梓庆的木匠，擅长砍削木头制造一种名为"鐻"的乐器。梓庆做的鐻特别好，被人们认为是鬼斧神工。鲁国的君王闻听此事后，召见梓庆，问他是用什么方法制作鐻的？梓庆回答，只不过是在做鐻时，从来不分心，而且实行斋戒，洁身自好，摒除杂念，已经进入了忘我的境界。

✕ 梓庆削木，甬戈绘

《庄子·达生》中"佝偻者承蜩"的故事，讲的是一个驼背老人苦练捕蝉本领之事。孔子去楚国的路上，在树林里遇到一位驼背老人正在用竿子粘树上的知了，动作娴熟又敏捷，就像在地上捡拾知了一样容易。孔子很是好奇，就问老人是怎么做到的。驼背老人就介绍了自己的经验："用志不分，乃凝于神。"老人粘蝉时，立定身子，犹如临近地面的断木，举竿的手臂像枯木的树枝，一心只注意蝉的翅膀："吾执臂也，若槁木之枝；虽天地之大，万物之多，而唯蜩翼之知。"从不思前想后左顾右盼，绝不受纷繁万物的干扰："吾不反不侧，不以万物易蜩之翼。"所以老人粘蝉像拾取一样容易。

╳　佝偻承蜩、甫戈绘

《庄子·养生主》则用"庖丁解牛"的故事表达了最高妙的艺术感。从前有一个叫丁的厨师，特别善于宰牛，庖丁杀牛的肢体动作优美，就像在跳古代的《桑林》之舞，他的刀发出的声音富有节奏和韵律，仿佛是古乐《咸池》的旋律："手之所触，肩之所倚，足之所履，膝之所踦，砉然向然，奏刀騞然，莫不中音。合于《桑林》之舞，乃中《经首》之会。"他熟悉牛的生理结构，他的刀在骨缝间自由穿梭："依乎天理，批大郤，导大窾，因其固然，技经肯綮之未尝，而况大軱乎！"最终，庖丁从解牛中获得精神上的享受："提刀而立，为之四顾，为之踌躇满志。"

╳　庖丁解牛，甫戈绘

　　当人将一棵植物的苗株种入土中，心怀希望在劳作中辛勤育苗，最后获得收成的时候，人们心满意足。这种最普遍的做事成人的方式构成艺术创作的基础。

PART 12

人

《西游记》第一回里，美猴王"与群猴喜宴之间，忽然忧恼，坠下泪来"，原来他"有一点远虑"，预感"将来年老血衰，暗中有阎王老子管着。"当听闻"佛与仙与神圣三者""不生不灭"时，则"满心欢喜"，决定上路寻访了。

那一日，美猴王初闻跳出轮回之法，打算第二天就走，因众猴设宴相送，才推迟了一天。仙酒仙肴痛饮一日后，美猴王早起，让"小的们"用枯松编了筏子，取了竹竿做篙，"收拾些果品之类"，就辞别了。

他"尽力撑开，飘飘荡荡，径向大海波中……"舍筏上岸便遇见了人。他拿住一个人，"剥了他的衣裳，也学人穿在身上，摇摇摆摆，"开始"学人礼，学人话。"

透过美猴王之眼看，穿着衣裳、有行为规矩、能语言交流的，大体看起来就是人了。

当然，人类之间的差异也很明显。《职贡图》绘有各国来朝使者立像12人，侧身向左，双手收于袖笼或交叠于前胸。身后有楷书榜题，细说他们的国名、地理、风俗及纳贡，像是一本说明书。

在文字绵延变迁的历史里，"人"一开始就被记录、提炼成了侧面形象。

甲骨文里的人 ⟋，面向左（或向右）站着，上端是头部，延展下来的一笔是胳膊；转折笔的前半段是上半身，后半段是并立成一笔的双腿。金文、小篆里的人和甲骨文基本一致。最早的帛画、战国时期的《人物龙凤图》中的女子，侧面，细腰，左向而立，非常符合甲骨文的设计。

侧面是一个很特殊的视角。人们往往习惯从旁边打量他人，这样的角度不会打扰到他，他做了什么，全在"你"眼里，他看不到一旁的"你"，也就无须为"你"表演。

甲骨文	⟋
金文	⟋
小篆	尺
隶书	人
楷书	人

荷花开了／银塘悄／新凉早碧／蜓蜻多少／六水出临扇底风／记人那同手剥／莲蓬莲牛金／湖上诗老华／并曲度一

× 清·金农《人物山水图册》

昔年曾见

× 清·金农《人物山水图册》之"昔年曾见"

✕ 北齐·杨子华《北齐校书图》

画家常常是这样的隐身人，他安静地藏在一边，观察他人的一言一行，悄悄跟着他们走，倾听着他们的动静，不"看"他们的脸，只描摹他们的背影、侧身、埋头、望远……这些真实而自然的状态。

清代画家金农的一套人物山水图册中，有礼佛居士、秋林文士、策杖旅人，更有"昔年曾见"之"意中人"，均为或跪或立的侧面身形；亦有荷塘长亭里"记得那人同坐"的形单影只，背对着观者。

这些侧面的身形在历史中也被记录为各种各样的身份，士、农、工、商、兵、侠等。

"士"是一个象形字，像一种斧形的工具。"士"的本义是使用这种工具的人，一般为少壮男子。先秦时期贵族的最低等级称为"士"，位次于大夫。秦汉以来，"士"又成为知识分子的通称。《说文解字》未见过"士"的甲骨文字形，直接将"士"认作会意字是和"士"的意思演变相关的。《说文解字》认为："士也。数始于一，终于十。从一从十。"

　　"士"，也就意味着是善于做事情的人，从一开始，到十结束。并引孔子的说法，"推十合一为士。"后世解释："数始一终十，学者由博返约，故云推十合一。博学、审问、慎思、明辨、笃行，惟以求其至是也。若一以贯之，则圣人之极致矣。"（清·段玉裁注）

　　北齐天保七年（556年）文宣帝高洋命樊逊和文士高干和等11人负责刊定国家收藏的《五经》诸史，这次校书对于古籍的收集起到了良好作用，在当时成为文坛盛事。北宋画家杨子华所绘《北齐校书图》表现的就是一群文士校书的场景。

　　五代画家周文矩（约907～975年）的《文苑图》中表现的则是文士的聚会生活情态，有伏垒石持笔觅句者，有双手袖笼靠松干构思者，有并坐展卷推敲者，沉浸在各自的思考里。据考证，《文苑图》所绘的是唐玄宗时著名诗人王昌龄任江宁县丞期间，在县衙旁琉璃堂与朋友宴集的故事，与会者可能有其诗友岑参兄弟、刘眘虚等人。

PART 13
儿

　　在中国的传说中，女娲抟土造人：一块黄泥巴，抟吧抟吧，揉吧揉吧，捏吧捏吧……好了，这是一个人。反复揉搓、捏塑，就有了一群人。

　　他们彼此初见，都很欣喜，看看、闻闻、摸摸。人们沉浸在刚刚来到世间的狂喜状态里，以及对生命莫可名状的礼赞中，不禁喧嚣起来，"啊呀吗呢嗯……"。

　　女娲也颇受鼓舞，看着手中的创造与变幻，有点小激动：她来到一处无人的空地，折下一根长长的藤条，裹满泥浆，游龙一般舞动着，泥点轻落，点点立定，静默一瞬间，一个点儿是一人，两个点儿是两个人，无数的点儿无数的人，伸伸胳膊、弯弯腰，你看看我，我看看你，"啊呀吗呢嗯……"。

　　传说里造人是很容易的事儿，因为人们相信，在很久很久以前有个神通广大的创造者，她能带来一切，包括人。在她那里，人一下子就成了，没有成长的阶段与过程。

　　北京自然博物馆里陈列着一组大玻璃瓶，里面是胎儿生长发育全过程的标本。在这里，生命成长是个慢镜头：葡萄那么大，苹果那么大……成人形了……参观的人们看着自己曾经的形态，难以置信：这么皱啊，这么丑啊。

和传说一比，真相一点也不可爱。人们更愿意让自己的身世含有些许语焉不详，至少是喜欢自己的开端是个小婴儿，而不是个生理意义上的胎儿——那么不像个人。

小婴儿多有意思，小小的、嫩嫩的、伸胳膊撂腿儿，只知道吃奶，没奶吃就吃吃手。关键是小婴儿和成人很像，除了头与身体的比例不协调，婴儿的头很大。甲骨文里"儿"甲和"人"𠂉的主体结构是一样的，都是面朝左，左下方伸出的一笔是胳膊，右边弯曲下来的一笔代表身子和腿；唯一的差异就在于头的部分："儿"字上面是头顶未封口的大头，还有两只大眼睛。

为什么是个有缺口的大头呢？原因在于，孩子出生时，头盖骨还没有长好，头顶中间有一个部分很脆弱，叫"囟门"，一般要一岁半左右才能合上。也许是人类在造字之时特别观察到了这一点，就作了特别的记录，以示孩子和大人的不同。

当然，"儿"字的生动形象也在提醒人们，每个人在生命之初都会度过一段珍贵的"天真"时光。这是处于经验世界的成人们常常想起，甚至梦寐以求想"回去"的，如老子所言，"沌沌兮，如婴儿之未孩"。

"婴"字，本为会意字。婴的金文的形体，上部是"贝"，下部是"女"，表示妇女颈上挂着由贝壳做成的装饰物。婴的小篆的形体，上部从一个贝变为两个贝，意思不变。"婴"字由项饰的"宝贝"之义引申为"婴

| 金文 | 战国文字 | 篆文 | 隶书 | 楷书 | 简体 |

✕ 婴的字形演变

儿"义，指不满一周岁的小孩。"孩"，指小孩笑。"如婴儿之未孩"，好像还不会笑的婴儿一样。

"儿"首先不是"儿子"，它是我们生命的开端，也是我们所能记得的最初样子。

PART 14
女

　　甲骨文里的"女" ![字形]，像是一个跽坐在那里的人形：两膝着席，小腿贴地，臀部坐在小腿及脚跟上，上身耸直；双手在做着什么，可能整理衣襟（敛衽）？如果从社会分工的意义上看，甲骨文里的"男" ![字形]，是一个在田里耕地的人物形象；相应地，女子的行为应该也是和工作相关，所以，"女"字的双手最有可能是在那里纺织。

　　"处子曰女，适人曰妇。""适人"，嫁人的意思。"妇"是会意字。"妇"的甲骨文字形 ![字形]，由一把笤帚和一个跪着的人（女）组合而成，表示持帚洒扫的人就是"妇"。扫帚应泛指对家庭事务的操持，所以，嫁人的女子是手里拿着扫帚的形象。

　　从嫁人开始，一个女子的人生充满了情节设计：怀孕（孕），生子（字），喂养（乳），带孩子（好）。

　　孕，裹子也。"孕"的甲骨文字形 ![字形] 像人怀孕的样子，面朝左侧立的一个人，肚子里面包裹着一个小胎儿；或者是 ![字形] 一个正面腹部的特写，一个弧状区域内有一"子"。

　　字，宀（mián）下面加个"子"，宀指的是室内，子指婴儿，放在一起就

✕　明·宋应星《天工开物》中的纺织图，1637年初版

是妇人在屋子里面生小孩。"字"的金文字形是 ![金文字] 。

　　怀着孩子的妇人是准妈妈，生了孩子的妇人就是母亲了。"母"的甲骨文字形 ![甲骨文母] 和"女"的甲骨文字形轮廓大致相似，唯独胸前多了两个小点点，代表乳房。

　　孩子出生后，食物来源于他的母亲。甲骨文的"乳" ![甲骨文乳] ，一个母亲面朝左，跪坐着，两手抱着一个婴孩，给他喂着乳汁。

在古代，一般视多子女的母亲为"好"。"好"字是会意字。"好"的甲骨文字形是"𡥆"，半跪着的妇女，抱着或举着一个婴儿。"好"的金文字形"𡥥"，大致与甲骨文同。

半跪着的女子，抱着一个婴儿。一个人变成两个人，生命的奇迹，还有比这更美好的吗？

PART 15

会

　　有的人生，一开始就不幸，被尊为禅宗六祖的惠能大师（638~713年）就是这样。他生在一个偏僻的地方，三岁时父亲就去世了，母亲辗转把他带大。家里过得很穷，"艰辛贫乏"；他也没有什么像样的谋生手段，进山砍柴，"于市卖柴"。

　　这样的人生开端，都不知道该如何展开才算尽力而为。有可能一直停留在这个状态，直至生命结束。纵然如此，人还是需要沿着这个人生路线往前走。然而，任何人生线索都不是单一的，随着每个人的遭遇、选择与最后投入行动，他行进的道路是在眼前慢慢出现而形成的。"时，有一客买柴，使令送至客店。客收去，惠能得钱。"惠能为了给客人送柴才来到这家客店，这个简单的买卖行为更换了空间地点，不同于以往的集市，他的客人把他召到了另一个地方。

　　处于陌生空间，惠能的感官变敏锐了。"却出门外，见一客诵经"，惠能看见一位客人正在诵读佛教经典。经过"问""复问"，惠能得知五祖弘忍大师主持东禅寺，宣讲教授《金刚经》。

　　一般人听闻，只当是个消息，依旧往家走了。惠能听说，便有了前往参礼的意向。

一位客人送给惠能十两银子，嘱咐他安置好老母亲。惠能彻底脱离了"于市卖柴"的人生线索，"即便辞违，不经三十余日，便至黄梅，礼拜五祖"。

正当惠能在自己原有的人生轮廓里循规蹈矩之际，他遇见了三位客人，这三位客人仿佛是排好了次序在那里等候着：第一位客人把他找来；他结束和第一位客人的生意，随即目睹第二位客人的特殊言行；他心上有了期待，第三位客人又帮了他。

我们很难为惠能早年的这段经历做出解释，这种类似有求必应、有需要则降临的神秘主义，《坛经》称之为"宿昔有缘"：大约是前生结下的因缘吧。

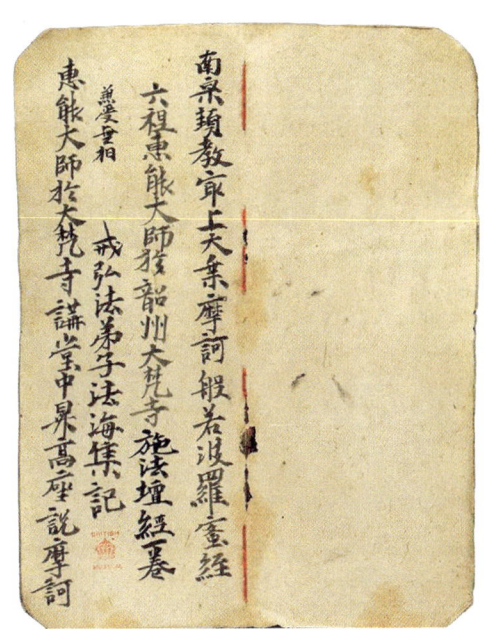

✕ 大英图书馆藏《坛经》

一件事中有可能包含着万事万物的端倪。那些有缘的人、事、物，总是默默潜伏在恰当的位置，只等着某个重要时刻，一并现身，璀璨夺目，意蕴悠远。这就是佛学所讲述的"因缘际会"之"会"，诸种因缘，一起来相会。

"会，盖也。"会的本义是盖子，金文字形 ，如一件容器，有盖子有底。上有盖子，下有底才能合，所以"会"后又引申为动词"聚会"或"会合"。"嘉宾四面会"，贵宾从四面八方会和到这里。"会"引申为副词"恰好"，"会天大雨"，恰好这天下大雨。

相会如"盖子"碰到底子，"恰好""合"在一起。共同的欢乐把人们安排在宴饮场景里，相互交谈，顾盼生情，共同的志趣把人们雅集于诗书画意、对弈观战中（如明·吴伟《词林雅集图》）；共同的意绪情志把人们送到山水间、林木下，梧桐、幽篁、太湖石，手展长卷，侃侃谈，细细听（如明·尤求《园中茗话》）；芭蕉浓绿衬托，大红软席铺地，笙箫古琴牙

✕ 宋·佚名《春宴图》（局部）

✕ 明·吴伟《词林雅集图》（局部）

✕ 明·尤求《园中茗话》

板，奏乐品茗（如明·黄卷《嬉春图》）。

不论年轻与年老，不论师徒，不论男女，同道即是友，"同志曰友"。

"友"是会意字。友字甲骨文 ，两只右手靠在一起；金文 线条粗壮有力些；小篆字形 ，两只右手一上一下排列；楷书将小篆上部的右手变成了左手，一来考虑书写便利，形式感强，二来也许是凡友则好，友好相亲近，亲如左右手的意思吧。

✕ 明·黄卷《嬉春图》（局部）

PART 16
茶

　　"茶"的本字是"荼","荼"是一个形声字，表示苦菜。茶叶从茶树上收获，在口感上偏苦，也被视为苦菜，所以用"荼"来表示。在饮茶之风形成后，茶需要从苦菜的泛指中脱离出来，形成一个新的表达，所以，新造了"茶"字，在"荼"的基础上减去一笔。

　　中国茶在16世纪输入欧洲，"茶"字作为外来语也汇入到欧洲各国语言中，英语中"tea"是根据当时"茶"的闽南语读音造出的新单词。

　　中国人饮茶的历史悠久。唐代茶人陆羽（733~804年）著的《茶经》，是中国乃至世界现存最早的茶书，记录了茶叶生产的历史、源流、采摘、加工等农业生产技术，记录了烹煮方式、茶具的使用等饮茶技艺，既是划时代的茶学专著、农学著作，也是茶文化之书。《茶经》从日常茶事中挖掘了人文内涵，推动了中国茶文化的发展。

　　"茶兴于唐，盛于宋。"宋代是中国茶文化的鼎盛期，当时种茶区域日益扩大，茶叶产量不断增加，茶叶贸易得到发展，茶文化事项也丰富多彩。

　　宋人喜斗茶，以"斗茶"为题材的画作，其画面表现重点一般为注水点茶。比如刘松年（约1131~1218年）的《斗茶图轴》《斗茶图卷》《茗园赌市图》《卢仝烹茶图》等。

× 南宋·刘松年《茗园赌市图》（局部）

斗茶，"斗试"的是茶和水的融合度，融合得好，茶汤面呈"粥面聚"，"周回旋而不动"，从而茶色不沾染碗帮，"着盏无水痕"；反之，如凝练得不好，茶末易下沉，汤花散褪，云脚涣乱，茶是茶，水是水，盏壁上留下水痕，茶就斗输了。

这种斗茶法需要茶末极细、茶盏预热好（"熁盏令热"）、调膏极匀（"调令极匀"）、冲点时水流速度适宜。除此之外，击拂亦有讲究（"先须搅动茶膏，渐加击拂，手轻筅重，指绕腕旋，上下透彻，如酵蘖之起面"）。在这一系列环节中，注水冲点最能体现斗茶所强调的茶与水的关系，直接揭示了斗茶的意义指向，而这一动作本身也成了斗茶题材中的经典形式，黑龙江省博物馆收藏的宋《斗茶图》册页，在元明清均有摹本，元代摹本还出自赵孟頫手笔。

当然，只有精细化每个环节，斗茶最后才能获胜。比如，茶末要磨细，用碾、磨还是臼？击拂要得法，用匙、箸还是筅？操作工具的选择与创新依然是不可忽视的。

中国国家博物馆藏有1950年代出土于河北唐县的一套白釉瓷器，包括风炉、茶鍑、茶瓶、茶臼、渣斗和一件瓷人像。据孙机先生考证，此像"并不是佛教或道教造像"，而是"茶神像"，是"唯一一件代表陆羽的形象的文物"。

✕ 白瓷茶具／陆羽像

《茶经》成书后只经过半个多世纪，江南已有茶商供奉陆羽为茶神。宋代史料记载，卖茶人将瓷做的陆羽茶神像供在茶灶旁，生意好的时候用茶祭祀；生意不好的时候就用热水浇灌。

出生寒微，侍奉过僧人，当过伶人，又逢安史之乱（755~763年），辗转飘零的陆羽肯定无法想象自己身后居然能够"成神"，也无法预料他在《茶经》中所描述的上等末茶，"其屑如细米"，在后世兴起的斗茶法中，已经输在起跑线上了……

　　刘松年的《撵茶图》手卷徐徐展开第一段，空地上是文人雅集的场面：一僧人伏案执笔作书，一道士袖手相对而坐，微微向前探头，一儒者处于桌角，手中展卷，目光却从卷面移开。僧人笔墨，儒道品鉴。纸笔若即若离，回旋运作，画面安静祥和。

　　卷起第一段，拉开第二段，原来这是一个庭院里的空间，在棕榈树前太湖石边，有两人正在为雅集磨茶、点茶助兴。接引第一段沉寂之音的是茶磨轻飞转动，汤瓶倾斜冲调的微细水声。

　　这是一整套的备茶工序。一方长条矮几，一半用来跨坐，一半用来放置茶磨。为保证茶末均匀，碾细程度高，磨茶者须在力道、速度上调试匀整：男子肩上垂挂一白色线绳，末端环于左右两臂，左手按膝不动以为轴心，右手执磨，稳稳地画着圆圈。

　　磨到一定分量，男子从身旁方桌上拿来茶罗子与贮茶盒，装好研磨好的茶末。在茶磨流口一侧，横放着一只茶帚，是用来清扫茶末的，"拾其已遗，运寸毫而使边尘不飞。"亦有茶匙，方便归纳。

茶末备好，则是选水与烧水的"候汤"阶段：从贮水瓮中取水，倒入提釜，于风炉上烧沸。水瓮风炉之间，一人立于桌边，右手提着高肩长流汤瓶，正向放着茶勺的茶盆内冲汤调茶膏，左手边放着茶筅，准备点茶。

唐人喝茶只要把茶末投入水中煎煮即可，宋人却需"点茶"：将茶末先冲入少许沸水调成膏，然后慢慢注入沸水，水量控制极讲究。茶少汤多，则云脚散；汤少茶多，则粥面聚，最后以茶筅环回击拂，待呈细密的白色泡沫，则可分盏饮酌。

文人雅集，不离茶饮。《撵茶图》中，方桌上的白色茶盏红色盏托此时应在他们手中，成为默契相称、知音难得的写照。文人在艺术和思想的切磋中，修习心性；茶人在茶、水与器物的秘密交流里，专精技艺……彼处大音希声，妙不可言。

唐代，茶会、茶宴开始兴起，成为文人雅士的生活时尚，在茶会的氛围中，融入吟诗、作画与弹琴等文艺活动。宋代饮茶之风在社会各个阶层得到普及，成为日常生活的一部分。最终，饮茶的精英文化内核，获得了开放性、包容性与平民性的俗文化特质，一直延续到现代人的生活中。以茶为媒介，完成饮食、休息、会友、娱乐、信息交流等多种事宜，形成了中国各地各具特色的茶馆文化。

北京茶馆所卖的茶叶，多是茉莉花茶，俗称"香片"。茶馆里的茶壶大肚细长嘴，俗称"铜搬壶"。四川茶馆桌椅板凳多为竹制，用盖碗茶具泡茶，茶倌可以同时料理七八套茶碗，动作娴熟，茶船（茶托）依次罗列，配盖碗，弧线注水至碗口，茶盖扣上。广州茶馆实行"三茶两饭"，所谓"三茶"，即在一天之内有早、午、晚茶三次，"两饭"则指午饭、晚饭。广州的"三茶"以早茶最为热闹，饮早茶相当于吃早饭，茶与茶点相配。

PART 17
器

"器"的字形基本构成，自金文以来未发生变化，中间是"犬"，周围四个"口"，本义为犬吠声。后来本义消失，被假借为陶器、器皿。"埏埴以为器，当其无，有器之用。"（《道德经》第十一章）意思是，用水调和黏土成泥坯，制作陶器。有了陶器中空的地方，才有陶器的作用。

金文	𣂑
小篆	器
隶书	器
楷书	器

陶器、玉器、青铜器等都属于中国器物文化，因其材质、工艺、审美等特性差异而表现出不同的观念文化与制度文化。青铜器是礼乐文化的重要载体，用以"名尊卑，别上下"，维护等级制度；玉器被赋予宗教意义及道德内涵；陶器则最接近人的生活日用。

茶器是中国陶瓷与器用以及审美最集中的体现。中国人的茶文化在茶

※ 唐·《弈棋仕女图》中的盏与托

器的"推杯换盏"中渐次展开，它促成了茶生活方式的仪式感，也为人们在日常生活中开辟了一条便捷的审美通道。

唐代的屏风画《弈棋仕女图》中，在弈棋仕女身后有一侍女奉茶，小茶盏置于大盏托之上，托于右手掌心，左手拈扶。

这种一茶盏配一盏托的形式是有来历的。据唐《资暇集》中记载，蜀相的女儿，饮茶时发现单拿茶杯烫手，若配个碟子，杯子肯定在碟子中打滑，喝起茶来杯子不好控制。为了固定杯子，她想出用蜡，继而用漆环在碟子中央，及至后来，碟子底也有环绕，形制上愈加花样繁多了。

在金墓、辽墓的点茶图、备茶图壁画中，所见皆为兼"环碟子中央"与"环其底"的。而在五代至宋流传下来的绘画真迹或摹本中，还常常表现人们喝茶完毕，将茶盏倒扣于盏托的情形。

盏托起源于功能上的需要，能消弭"执热之患"，可持危、扶颠。南宋的审安老人在1269年所著的中国第一部茶具图谱《茶具图赞》中，为盏托取名承之，字易持。先有实而后赋名，名副其实。

不仅如此，由于茶盏嵌入盏托托圈中使用，托圈可以巧妙地隐藏一部分茶盏外壁，尤其是盏腹以下，因此在制作过程中可以不甚经意，马虎一下，比如在用釉方面，釉不到底、圈足露胎，釉之堆叠与流淌等都很常见。相较而言，盏心的制作则精益求精。

宋代斗茶法讲究水茶交融，击拂后要"着盏无水痕"，输赢关键看水痕，"茶色白，入黑盏，其痕易验。"故斗茶以黑盏为上，最著名者为建窑所产，有兔毫盏（"纹如兔毫"）、油滴盏（俗称"一碗珠"，银白色晶斑为"银油滴"，赭黄色晶斑为"金油滴"）、"曜变天目"盏（晶斑周围有蓝绿色光晕环绕），此外还有吉州窑的鹧鸪盏（羽状斑条，如鹧鸪鸟颈部之毛色）。

《茶具图赞》里说，茶盏名"去越"，字"自厚"，号"兔园上客"，像

✕ 油滴盏

一串谜语。"去越"，就是说茶盏并不是越州窑的；"自厚"，茶盏壁厚；"兔园上客"，显然就是建窑兔毫盏了。

无论茶盏亦是盏托，在使用前、后均要擦拭，担任此职责的为"司职方"，司职方原指执掌一方军事防御的官员，在审安老人为茶具所加封的这一官职中，"司"似谐音代指缌（粗绸，似布），"职方"似为"方巾"，司职方就是茶巾了。

当看茶侍女毕恭毕敬端着一碗热茶，揣摩着什么时机献给弈棋女子合适时，她是不用担心烫手的，或许她还可以观察一会儿茶色之静、体会一下茶温之喧，以及那一刻属于在场所有人的时光如何随着空中之尘一点点飘摇……

当人们沉浸茶事之际，茶巾用任何时候都能够保持的标准与诚意，宣告着茶会的开篇与结束，并且一字一句写下序言及后记，经纬交织，一切只在器上磨。

PART 18
书

　　"书"是"書"的简化字。甲骨文中没有"書"字，金文"書"为上下结构，上面的"聿"，像以手执笔之形，是筆（笔）的木字，表示书写的意思；下面的"者"，表示读音。战国文字与篆文、金文基本一致，但将"者"字省写为"日"。"书"的本义是书写、记录。

| 金文 | 战国文字 | 篆文 | 隶书 | 楷书 | 简体 |

✕ 书的字形演变

　　在纸张发明以前，中国古人的书写媒材主要是竹片与木片。竹片与木片需经过加工方可使用，首先将竹子、木头削成狭长平滑的小片，竹片表面因富有油质不易着墨，而且竹体新鲜容易被虫蛀，所以还需要一道火烤的工序，把青色的部分烤"老"，让竹汁渗出，这就是"杀青"或"汗青"。经过处理的窄条竹片与木片，称之为竹简或木简；宽厚的竹片或木板，称之为竹牍或木牍。

　　在简牍上书写，按编号排好，再用麻绳、丝线或者皮绳串联起来就成了"册"。"册"是象形字，"册"的甲骨文字形 ，三、四、五条不等的线（似简牍形）并列，一个扁方或扁圆的圈（似连缀简牍的线）将它们环绕起来。"册"就是简牍形态的书。人们可以根据简的长度，来判断册的书写性质。比如汉代，长三尺（约67.5cm）的一般为诏书律令，长二尺四寸（约56cm）的一般为经书，长一尺（约23cm）的一般为书信，所以，人们也将书信称为"尺牍"。

在书写过程中，如有错讹，便用书刀来刮削。所以在"册"旁边放一小刀（刂），就是"删"。若想达到删除的目的，书刀需要保持锋利，因此书刀常与砺石一起携带。在秦始皇陵园K0006号陪葬坑出土的一批陶文官俑中，每人的腰带右侧都配有环首书刀和装在囊中的砺石。

人们把精心书写的"册"捧在手里，或者将"册"供奉在几案上，这

✕ 竹简

是"典"的甲骨文字形 𢍰，经典之"典"也就诞生了。典，会意字，本义是重要的文献、典籍。

春秋时期，《墨子·天志中篇》中记载："书之竹帛，镂之金石。"在简牍书写的同时，还有一种比简牍昂贵的书写材料——帛。帛是丝织物，帛书就是写在帛上的文字。目前出土的帛书有出土于长沙子弹库战国楚墓的楚帛书以及出土于长沙马王堆汉墓的汉帛书等。帛书是一种过渡形态的字体，介于篆隶之间。

后来，纸取代了简牍，成为最佳的文字载体。但是从知识传承的角度看，书籍的人工抄写依然是非常费力费时的，大约在隋代（公元6世纪末到7世纪初），人们结合了刻印和拓印的方法，发明了雕版印刷术。雕版印刷的程序是，将工整抄写于薄而透明纸张上的书稿正面覆于具有一定厚度的平滑木板上；雕工用刻刀把版面上没有字迹的部分削去，剩下的就是凸起的字。然后在凸起的字上涂上墨汁，再把空白的纸覆盖其上，轻拂纸背，一页书稿就印制完成了。现存最早的雕版印刷品是公元868年印制的《金刚经》。

雕版印刷的发明推动了文化的传播，但雕版的制作费时费工，一旦发现错字，整版都要重新雕刻，雕版还需要极大的储存空间，在保存过程中又容易变形、虫蛀、腐蚀，不持久。雕版的这些不足促成了北宋毕昇（972~1051年）发明活字印刷术。活字印刷术只需要制作单字的阳文反文字模，然后根据书稿文字进行拣选，排列在字盘内，涂墨印刷即可。字模可以反复利用。活字印刷大大提高了印刷效率，现代凸版铅字与活字印刷术的原理与方法完全相同。

1300多年前的雕版印刷术，900多年前的活字印刷术这一系列重大的发

✕ 雕版印刷品《金刚经》

明，大大提高了书籍复制的效率，拓展了知识传播的范围，将人类文明推向了新时代。

中国古人曾经拿着"笔"在甲骨上刻画甲骨文，在青铜器的陶模上"写"金文，在简牍上、纸张上蘸墨书写。写了千余年后，再将字刻成木字块、浇铸成铜字块，进行印刷，又印制了千余年，中华文明在一代又一代人书写的字里行间，不断传递着华夏民族辉煌的文明之光。

现在，通过印刷而传播文字的方式，已经拥有了电子书的新形态，人们可以更为便捷地阅读、思考，人们或许留恋旧日手不释卷的生动触感，但是，相对于文字本身的价值来说，它的载体形式是不是越方便越好呢？

PART 19

看

　　"看"是会意字，最早见于小篆的字形，目上有手，远望时用手遮蔽眼睛周围的散光。"凡有所望者，常以手加目上，障日聚光也。"（清·朱骏声《说文通训定声》）"看"的本义是"遥望"，也意味着排除日光干扰，让目光聚集所观之物。

　　中国古代山水画记录了中国古人灵活的观看方式。它也强调写生，但最终呈现在我们眼前的是经过"整合"与"提炼"的山水："横看成岭侧成峰，远近高低各不同。"你在一幅山水中可以看到不同视点的绝妙"整合"；峰、顶、峦、岭、岫、崖等山体风貌，草木、水脉、栈路、樵人、烟霞、岚雾等构成要素，春山艳冶、夏山苍翠、秋山明净、冬山惨淡等四时气象，等等，都得到了归纳与总结，我们看一幅山水，往往能获得了看"所有的"山水的意味。

　　山水画中的世界，是经过"整理"的全新世界，拥有那个时代最先进的技术，最奇妙的体验，最丰富的视角。它为不曾远游、未见过远方事物的人们，为登高而"不识庐山真面目"的人们，变出新世界。

　　想想看，一千多年前的古人，无论是仰望还是俯瞰，视角都是受局限的。而山水画家作为在古代少有的见得多走得远的人，拥有远超常人的独

✕ 北宋·李成《晴峦萧寺图》

特体验。所以，当我们观看一幅中国古代山水画时，更需要理解和还原这样一种原初的"新鲜体验"。观看李成的《晴峦萧寺图》的第一反应，应该是打开了一个充满奇遇的新世界。

站在《晴峦萧寺图》前，你看到了一个整体的山形（全景式构图），远景山峰兀立，间以深壑，极高极远，深不可测。山中瀑如飞练，一左一右，一高一低，折而为潭。由水流、水面环抱的近景与中景：近景中板桥、茅舍、水榭，挑夫走卒、行旅之人布散其间；中景亭阁层叠，楼塔高耸，秩序井然，寒林萧索，屈曲生姿，清幽静谧。

《晴峦萧寺图》中近水远山、由低往高的空间跨度极大、视觉节奏陡然上升，高度差带来空间张力。

或许古人站在《晴峦萧寺图》前，自云雾缭绕的高山之巅，俯冲山馆亭阁楼塔，最后堕入一汪深水之际，自有一种丰沛磅礴的身心感受吧！

现代电影镜头采用的多重拍摄视角、空间拆解与重组，和中国山水画的绘制手法有异曲同工之妙。在这个意义上，中国山水画可以视为古代的电影。

从古至今，山水还是山水，山水画与电影都是我们观察世界的方式。它们让我们更好地介入到这个世界之中，不断产生新看法和新的思考方式。

PART 20
学

　　"学"是会意字。"学"的甲骨文字形的一般形态是上部像左右两手结网之形，下部是表示房子的"宀"形。除此，还有一种简化版，直接提取了网形与房子形。可见，渔猎是家庭经济的重要来源，结网是渔猎的重要工具，属于复杂技艺，需要有人传授才能获得。"学"的金文字形在房子下面

| 甲骨文 | 金文 | 战国文字 | 篆文 | 隶书 | 楷书 | 简体 |

✕　学的字形演变

加了"子"，明确了获得传授的对象是家里的孩童。"学"的小篆字形、楷书（繁体）字形均延续了金文的基本结构。所以，"学"的本义是"学习"。《说文解字》解释"学"："觉悟也。"

　　《礼记·学记》曰："学然后知不足……知不足然后能自反也。"在学习的过程中了解到自己的不足，这就是觉悟了。历史上孔子学琴的故事表达了"学"之道。

　　孔子跟从乐师襄子学琴，师襄子非常认可孔子的能力，一直认为可以

✕ 《宋人画历代琴式图》——孔子之制

增加新的学习内容了，孔子却始终慢悠悠地沉浸在一首曲子的反复练习中，直至从弹奏中体会到曲作者是周文王才肯继续新的学习内容。

如果将孔子学琴的故事编为小剧本，那么师襄和孔子的对话可简化如下：

（学了十天，还没有学习新曲子。）

师襄：你可以增加学习内容了。

孔子：乐曲的结构与形式我是熟悉了，但技巧还不过关。

（过了一段时间）

师襄：技巧已经掌握了，可以继续了。

孔子：我还没领会明白曲子的内在意境。

（过了一段时间）

师襄：你已经领会了曲子的内在神韵了，可以继续了。

孔子：我还不了解作者。

（又过了一段时间）

孔子：我知道作者是谁了，若不是周文王，还能是谁?

师襄：嗯，这支曲子就叫《文王操》。

孔子在学琴的过程中，一直想往更深处探寻，从音乐形式到内涵，最后抵达创作者。乐如其人，透过乐曲还原作者创作的过程，领悟到作曲家的心灵品质。"学"就是经由创造物去与创作者进行内心交流的过程，今人与古人跨越时空局限，心心相印。

因此，"学"并非是简单地学知识、技艺，而是以知识、技艺为媒介，有所觉悟。不断地求觉悟，心灵的状态要保持一直向前，任何与此相悖的部分都需要去除。

《传习录》是明代哲学家、宋明理学代表人物王阳明（1472～1529年）所著，记载了王阳明先生的语录和论学书信，是一部儒家简明而有代表性的哲学著作。《传习录》中记载，王阳明有个学生叫侃，特别容易后悔，而且常常陷入后悔的状态里。阳明先生开导他说："悔悟是去病之药，然以改之为贵。若留滞于中，则又因药发病。"

犯了错，悔悟是除病的药，能悔悟，说明在反思，能把事情的前前后后捋出个头绪，知道怎么回事儿了，下次再遇到类似的事儿能改进，这就达成了后悔的意义。但是如果一直停留在后悔的状态里，那是又添新毛病了。后悔得不能自拔，那不就得另想办法拔一拔吗？本来后悔是治病的药，现在因为这个后悔药又长新病了。后悔有时会成为学的障碍，这是不易察觉的。

中国哲人关切着人心的细致状态，历史所记录的也是那些由内而外散发着自由心灵状态的人。司马迁作《史记》讲述历史事件，是以人物为中心，给重要的历史人物做传记来进行的，写帝王的叫"纪"，写杰出人物的叫"传"，这就是"纪传体"。《史记》开创了"纪传体"，此后的官修正史都依照这一体例。

于是，一个历史事件常常被分记到好几个人物传记之中，有时重复，甚至矛盾，"一事而复见数篇，宾主莫辨。"而这恰恰揭示了事件运作的复

× 明·王阳明《传习录》

杂性。孰主孰宾，全是因缘际会。碰到一起了，聚则聚，散也正常。

成什么事重要，成事的是什么样的人更重要，核心是人，那些被记录的人，何其丰富动人，何其别开生面！

东晋的大画家顾恺之（348~409年）博学多才，诗赋、书法、绘画无一不精通，其绘制的《洛神赋图》更是中国十大传世名画之一。但史书上除了记载他的成就，还有一些日常生活小事，如顾恺之如何吃甘蔗。顾恺之吃甘蔗和别人的吃法不一样："恺之每食甘蔗，恒自尾至本。人或怪之，云：'渐入佳境。'"吃甘蔗，从梢往根吃，体会甘甜如何一点点生长，渐入佳境。

学，求觉悟，令人生渐入佳境。

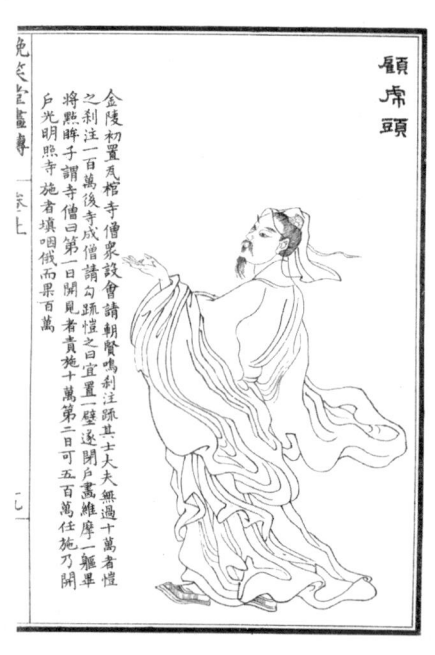

✕ 清·上官周编绘《晚笑堂画传》中顾恺之（小字虎头）画像

后记

向汉字致敬，向中华文化致敬

中华民族历史悠久，文化绵延不息。我们的历史之所以得以保存，文化精神得以传承，全在于我们拥有汉字。汉字是中华民族在几千年发展历程中的伟大发明，是源头古老、历久弥新的表意文字，它使用至今，依旧生机勃勃，在世界上是独一无二的。

在漫长的历史中，汉字形成了自身演进发展的脉络，从甲骨文、金文、篆书、隶书到草书、楷书、行书，现代汉字亦可上溯，找寻其历史源头。汉字是中华历史文化的记录者，我们通过有汉字记载的实物资料、文献来了解并传承中华民族的传统文化，同时，这种因义构形的表意文字系统本身就是中华文化的活化石，储存着中华文化的精神基因。

汉字是中华民族五六千年文明的承载者，是中华文化的重要标识，是世界文明的重要组成部分。汉字独具魅力，影响深远。

汉字是中华历史文化的持续记录者

我们可以通过考古遗址、文物来了解古代生活，但如果要获得更为确切的历史信息，就需要凭借文字。汉字在不同的历史阶段所用载体不同。

它曾经写在龟甲、兽骨、青铜器、山石上，写在竹、木、帛、纸上，它们共同勾勒出典籍中的中国形象，形成了生生不息的华夏文明长卷。人们通过汉字认识久远的时代，并与遗址、文物相互印证。因为汉字的记载，过去的时空复活了，中华民族闪烁着璀璨的文明之光。

经历过几千年的时光，中华文化在曲折、艰难中演进，在无数次的冲突、碰撞和融合中，气势磅礴，大开大阖，微妙精深，流利婉转。中华文化事涉华夷、治乱、宫廷、市井、文教、武功；且囊括各种角色，古有帝王、国君、文臣、武将、伶人、太监、谋士、隐士……近有总统、总理、议长、学者、教授、明星……历史文化纵横捭阖，社会生活色彩斑斓，这一切都由汉字支撑起来，这就是方块字里的中国。

方块字的创造体现了中华民族感知世界、认知世界的独特方式。方块字也奠定了中华民族的审美风格，是汉字书法艺术形成的基础。探寻方块字的结构与系统，我们会发现中国文化中深层的智慧，绝妙的美与诗意。

汉字中储存着中华文化的基因密码

汉字是表意文字，它创造的过程就是古代先民与世界打交道的过程，因此，汉字是人文符号。它的构形反映着古人的生活方式与生活状态，反映着古人认识自然、顺应自然与征服自然的具体过程，反映着他们的世界观与思维方式，汉字结构储存着中华文化的基因密码。

汉字的方块结构富有极高的信息密度，且表现力强。2000个左右的常用汉字即可满足98%以上的书面表达需求，并且在表述相同内容之时，较字母文字所占据的空间面积小，简洁明快。在记录上有极大优势。在科技时代，汉字越来越显示出意蕴丰富的优点。因方块字的结构承载着高密度信息，所以，虽然社会发展需要不断产生新词、新概念，但是汉字仅凭灵活的组合即可满足需求，而不需要增加新字。

汉字是联系周边国家的文化纽带

历史上，在中华政治及文化的影响下，日本、朝鲜、韩国等东亚国家及东南亚部分地区都曾使用汉字作为共同书写体系，越南曾使用汉字达两千年之久。阮朝嗣德帝（1829~1883年）曾说："我越文明，自锡光以后，盖上自朝廷，下至村野，自官至民，冠、婚、丧、祭、理数、医术，无一不用汉字。"汉字是联系周边国家的文化纽带。以中国为中心向外辐射的文化、习俗相近的区域，我们称之为"汉字文化圈"。

依托于汉字的书写体系，这些国家后来在汉字的音、形基础上创制了各自的表音文字。日语的表音文字称为"假名"，"假"即"借"，"名"即"字"，这个称谓中就包含了日本文字与汉字之间的渊源，"假名"即借用汉字的音和形（而不用它的意义）所创造的表音文字。"假名"又依据借用的汉字书体不同而细分为"平假名"和"片假名"两种，源于汉字草书的称为"平假名"，约从公元9世纪起正式使用；源于汉字楷书的称为片假名，正式使用约从公元10世纪起。2010年，日本政府发布作为日本社会汉字使用指南的新版"常用汉字表"，共计2136字。

朝鲜语的表音文字称"谚文"，形式上参考借鉴了汉字方体形态，发音则在中文音韵的基础上，结合朝鲜语音，创制"训民正音"，1443年公布使用。同在13世纪，越南也有了本国文字——字喃。这种表音文字同样以汉字为基础，用形声、假借、会意等方法来创制表音的新字。15世纪，字喃才完全取代了汉字，成为越南的通用文字。

日本、朝鲜、越南等国从汉字脱胎并创制本国的表音文字，以期符合自己本民族的语言发音规律，是民族文化特色的表现；汉字没有走上拼音化的道路，表明汉字既利于记录汉语，也能够满足社会时代发展的需求，这既是汉字内部系统自动调试做出的选择，也表明汉字的发展趋势有其合理的一面。

汉语是当今世界上使用人口最多的语言。随着中国国民经济持续高速发展、国际地位的真正提升以及孔子学院对中国文化的宣传与推广，世界各地学习汉语的兴趣持续升温。至2020年底，全世界已有180多个国家和地区开展中文教育，70多个国家将中文纳入了国民教育体系。

汉字是中华民族优秀文化的重要组成部分，富有生生不息的创造力，它既是人类初始文明的标记，又在漫长的历史长河中不断演进、更新，适应了现代高度发达的文化与技术发展。相信在中华民族伟大复兴实现中国梦的征程中，国运昌盛，人心凝聚，汉字的优越性必将愈发明显，汉字必将拥有广阔美好的远景。